一所乡镇党校的坚守

张学东　主编

人民日报出版社
北　京

图书在版编目（CIP）数据

一所乡镇党校的坚守 / 张学东主编 . -- 北京：人民日报出版社，2024.3

ISBN 978-7-5115-8235-5

Ⅰ . ①一… Ⅱ . ①张… Ⅲ . ①中国共产党—党校—校史—新会区 Ⅳ . ① D261.41

中国国家版本馆 CIP 数据核字 (2024) 第 054911 号

书　　名：一所乡镇党校的坚守
YISUO XIANGZHENDANGXIAO DE JIANSHOU
主　　编：张学东

出 版 人：刘华新
责任编辑：张炜煜　白新月
装帧设计：元泰书装

出版发行：人民日报出版社
社　　址：北京金台西路 2 号
邮政编码：100733
发行热线：（010）65369509 65369512 65363531 65363528
邮购热线：（010）65369530 65363527
编辑热线：（010）65369514
网　　址：www.peopledailypress.com
经　　销：新华书店
印　　刷：北京鑫益晖印刷有限公司
法律顾问：北京科宇律师事务所 010-83622312

开　　本：710mm×1000mm　1/16
字　　数：245 千字
印　　张：17
版　　次：2024 年 3 月第 1 版
印　　次：2024 年 3 月第 1 次印刷

书　　号：ISBN 978-7-5115-8235-5
定　　价：48.00 元

编委会

主　　编：张学东

副 主 编：李健明　曾庆华

编委会成员：张　雷　林楷贤　李红卫　薛颖洁

颜　舟　谢颖文　邬　斌　梁程虎

黎禹君　谭祖耀

目录

第三部分　媒体关注

第一部分

双水党校办学治校的历史经验和启示

1959 年 3 月，双水公社党校（现江门市新会区双水镇委党校，以下简称“双水党校”）成立，是广东省成立最早的乡镇党校之一。双水党校坚守“为农村培养合格党员”的初心，克服各种困难，60 多年坚持办学从未中断。2018 年，广东省委实施基层党建“三年行动计划”，提出了全省镇街党校建设和基层党员干部教育全覆盖的目标，大力推进全省镇街党校建设。双水党校以其悠久的办学历史和卓越的办学质量在众多镇街党校中脱颖而出，成为“广东镇街党校的一面旗帜”。双水党校的先进事迹得到了人民日报、新华社、半月谈、学习时报等主流媒体的广泛报道，其党支部 2021 年被评为“广东省先进基层党组织”。系统梳理和总结双水党校的办学历史和办学经验，能够为乡镇党校建设提供有益借鉴，对于推动新时代基层党校事业实现高质量发展，做好新时代农村党员教育管理工作具有重要意义。

一、双水党校的办学历程

（一）办学初期，加强乡镇党员骨干培训

党校事业是党的事业的重要组成部分。重视发挥党校作用是党的优良传统和政治优势，是提高党的执政能力、执政水平的重要保证。1958 年 8 月，中央召开了全国党校工作会议。1959 年 5 月 5 日，广东省委批转了省委组织部、省委宣传部《关于一九五九年各级党校、干校政治理论教育工作的意见》的文件。文件指出，中央理论工作会议后，全党全民掀起了学理论的高潮，各级党委办党校的积极性大大提高。文件强调要按照中央精神加强政治

理论教学工作，切实把省委、地委、县委、公社党委四级党校办好。双水党校就是在此背景下成立的。有关资料显示，当时广东省有公社党委党校 530 所，双水党校是其中比较规范的一所。双水党校成立与周恩来总理视察新会也有密切关系。1958 年 7 月 1 日至 7 日，周总理深入新会视察，勉励干部学员要以延安“抗大”为榜样，发扬自力更生、艰苦奋斗的优良传统，一面学习，一面劳动，坚持“三个结合”，为实现共产主义创造条件，并题词“工农结合，城乡结合，体力劳动与脑力劳动结合”。为贯彻全国党校工作会议精神和周总理指示，双水党校扛起了教育培训党员的重任。这所诞生于三年困难时期的乡镇党校，当时的主要任务是配合上级的中心工作，对全公社各级党组织的党员、干部进行分类培训。每期党员培训班时间为 3 天，后来改为每期学习 3 天至 5 天，入党积极分子（当年称纳新对象）则培训 2 天，学习内容主要是毛泽东思想、“三面红旗”、人民公社六十条等。学员积极发扬“抗大”精神，到党校学习多是步行来、步行走，学习期间还需要交伙食费。

成立一年后，由于培训的学员人数较多，而公社场地不足，双水党校经历了第一次搬迁，从公社社址搬到了将军山大圣庙旁边。将军山大圣庙离镇

20 世纪 60 年代初，双水农村党员代表自豪地走进公社党校。这是双水党校现存最早的相片

中心有 10 多公里路程，当时连路都没有，教员和学员们发扬自力更生精神，硬是在杂草丛生的林地里，开辟出了一条通往党校的道路。为方便培训，党校把大圣庙当作教室、办公室、宿舍用，还在旁边搭建一些竹寮、板房，建成简易的食堂、冲凉房和厕所。

（二）“文化大革命”时期，与毛泽东思想宣传队合署

“十年动乱”期间，党员干部教育工作遭到严重破坏，双水党校的办学条件越发艰苦。为保证办学不中断，双水党校进行了两次搬迁，分别迁到了双水会堂和龙母庙。1967 年，双水公社成立了毛泽东思想宣传队，随双水党校一起搬到了龙母庙。宣传队在龙母庙办公、备课、排练，晚上下乡演出，深入群众开展理论宣传工作。期间坚持办学习班，每期党课一般为 5 天，并针对农技人员、民兵营长、治保主任、共青团干部等学员开设了相关课程，保证党校培训工作照常运转。

为确保党的政策迅速落到一线，时任校长温耀全与教员们一起，收集双水镇党员的先进事迹、廉政故事等素材，与宣传队合编成双水民谣，用和楼

1977 年 7 月，双水党校第八期学习班全体学员留影

歌、东风调、曾坑山歌、卖鸡调和竹板小调等本地曲调，让党的政策和党员先锋模范的故事在双水镇广为流传。这些民谣，有不少一直流传到现在。

（三）改革开放以来，开展全镇党员大轮训，坚持与生产劳动相结合

“文革”结束后，党员干部教育培训工作逐步得到恢复、重视和发展。1977 年 10 月 5 日，中共中央做出《关于办好各级党校的决定》。由于党员人数增加，场地不足，双水党校复迁大圣庙办学。此后，双水镇开始进行党员大轮训，每年把全镇所有党员都轮训一遍，这个做法一直持续至今。每期培训班，学员们都合影留念，这些相片成为双水党校珍贵的校史资料。

20 世纪 70 年代末，众多乡镇党校由于不具备办学条件无法正常运转甚至停办。1980 年前后，由于办学条件较差，镇委一度考虑停办党校，但是广大党员干部不答应。在他们的带动下，很多群众参与进来，手提肩扛，出钱出力，硬是建成一座两层高的教学楼。一楼是一间能容纳 130 人的大型教室，二楼是宿舍。从此，双水党校开始了 100 多人的“大班”上课，每期培训时间 2 天至 5 天不等。

1977 年初，双水党校复迁大圣庙。从这年开始，双水镇开始进行党员全员轮训

1977 年 8 月，各村推选的优秀党员参加双水党校集中培训

尽管如此，办学条件依然艰苦。党校在山上，不仅经常停电，还有蛇鼠虫蚁的袭扰。当时在大圣庙下方的平地处，有一个占地 3 亩多的小农场。教员、学员就利用小农场一起动手种瓜菜、种水稻，作为党校的伙食补充。学员来上课，每人都要随身携带锄头，上午学习、下午劳动。双水党校第三任校长温耀全回忆，每期课程结束后，学员都会回到村里分享学习成果，做榜样，树典范，发挥先锋模范作用，助力农村整修水利、加固围堤、担塘泥积肥。当时双水镇上凌村就有学员发动社员开发荒山，大种果木，原本光秃秃的山头变得郁郁葱葱了。基背村的学员发动村民大修围堤，降低台风天可能给生产经营带来的损失。这些鲜活的、为群众办实事的实例都离不开双水党校春风化雨般的培养教育。

20 世纪 90 年代，很多地方过分强调发展经济，对党员干部教育工作重视不足，乡镇党校大多名存实亡。但是双水党校坚持初心不改，努力提高办学质量。1994 年，双水党校再次搬迁，搬迁地址正是党校最初成立时所在的旧公社社址，也即当时双水圩镇小学的所在地。同年，时任校长张福然

2004 年 7 月，双水党校新教学楼正式投入使用

对双水党校的教学模式进行了改革和升级。每期培训开班前，都会组织教员们各定 2—3 个题材进行备课，准备好之后，由镇党委副书记召集组织委员、宣传委员来听试讲并提出修改意见，教员在此基础上对课程内容进行修改完善，修改后的课程变得更加生动有趣，也更受基层党员们的欢迎。

2004 年，双水党校迎来了第六次搬迁，搬进了由双水发电厂捐资兴建的大楼。新址占地面积约 4000 平方米，建筑面积 1600 平方米。教学楼是双水镇委专门聘请华南理工大学的专家设计建造的，楼高五层，外观庄重大气，室内布局合理，党徽在楼顶熠熠生辉，目前仍是双水党校的主教学楼。

（四）党的十九大以来，广东省委基层党建“三年行动计划”吹响号角，镇街党校再次焕发新活力

党的十九大报告提出，要以提升组织力为重点，突出政治功能，把基层党组织建设成宣传党的主张、贯彻党的决定、领导基层治理、团结动员群众、推动改革发展的坚强战斗堡垒。2018 年，广东省委树立“大抓基层”的鲜明

导向，大力实施基层党建“三年行动计划”，出台《广东省加强党的基层组织建设三年行动计划（2018—2020 年）》，把镇街党校建设作为加强党员教育管理的一项重要工作。强调要激活镇街党校功能，全面推行村（社区）党员定期培训制度，落实外出党员年度集中教育培训。随后，广东省委组织部、省委党校联合印发了《关于进一步加强镇街党校建设的意见》，把加强镇街党校建设作为贯彻落实党的建设总要求的一项重要内容，提出要在 2018 年底完成全省镇街党校建设和基层党员干部教育全覆盖的目标，提出“有领导机构、有学习场地、有授课老师、有学习计划、有规章制度、有经费保障”的“六有”标准，进一步完善了镇街党校的办学机制。紧跟党中央和省委步伐，江门市细化各项任务措施，当年年中已实现全市 73 个镇街党校全部开班运作，双水党校被确定为“江门市农村党员教育培训基地”。

2018 年，在市区两级组织部门和两级党校的大力支持和指导下，双水党校进一步发挥示范引领作用，进行了新一轮升级改造。改造后的双水党校成为集综合报告厅、会议室、研讨室、实战情景室、图书阅览室、红色舞蹈室、红色振兴公园于一体的现代化党校，并配套了公寓酒店，能同时容纳 300 余

2021 年，双水党校开展的全镇党员大轮训

人开展教育培训。同年，双水党校结合本土实际，建立了全方位培训体系。双水党校通过组建基层讲师团，把先进典型人物、致富能手、专业技师和“土专家”“田秀才”等纳入师资库。教员们沉下身去田间、车间一线现场教学，并制定了“套餐式”培训课程，让学员通过“点餐”提高学习的实效性。双水党校打造线上“指尖课堂”。为了让老党员听得懂，还因地制宜，发布了粤语音频“微课堂”，用粤语录制习近平新时代中国特色社会主义思想进行宣讲，受到了党员们的一致欢迎。

2019 年，双水党校成立 60 周年。该年 3 月，中共中央组织部党员教育中心主任李博专程前往双水党校进行调研，给予双水党校高度评价。5 月，中共中央印发了《中国共产党党员教育管理工作条例》，强调党员教育管理是党的建设基础性、经常性工作。10 月，中共中央颁布的《中国共产党党校（行政学院）工作条例》第七条明确，“有条件的乡镇（街道）党（工）委，可以设立党校”；第十二条明确，“加强县级党校（行政学校）和基层党校建设”。双水党校被誉为“广东镇街党校的一面旗帜”，吸引了众多媒体的关注。2019 年 6 月 11 日，《人民日报》以《一所乡镇党校的六十年坚守》为题对双水党校经验进行深度报道；新华社、《半月谈》杂志、《中国组织人事报》、《南方日报》、《南方》杂志等多家主流媒体纷纷聚焦双水党校进行了报道。

各大主流媒体对双水党校的报道

2021 年 7 月，双水党校承办“新时代党员教育方法载体上的守正创新”研讨会

2020 年 5 月 9 日，广东省委组织部印发《乡镇（街道）党校管理办法（试行）》，明确镇街党校工作原则、主要任务、培训对象和内容、师资教材、学员管理、办学保障。时任双水党校常务副校长梁志成被抽调到文件起草专班参与文件制定工作，双水党校的许多办学经验以及江门市在建好用活镇街党校的一些有效做法，被起草专班采纳并作为制度成果在全省推广。

2021 年 7 月 30 日，江门市依托双水党校成立了“江门市农村基层党建学院”，旨在深入学习贯彻习近平总书记关于党员教育的重要论述，认真贯彻落实新时代党的组织路线，切实把农村党组织、党员教育管理好。目前，双水党校已形成“三融合”教学模式：理论教学方面，与中央、省委党校及华南农业大学、五邑大学等高校合作，建立了高端专家师资库，整合市区两级党校的力量，可根据不同班次的需求提供各种学术讲座；现场教学方面，充分利用江门市内红色教育阵地，如周恩来总理视察新会图片展、周文雍陈铁军烈士陵园、梁启超故居、市党群服务中心等开展现场教学；案例教学方面，在乡村振兴、基层治理等鲜活实践中做深入研究开发，其中新会陈皮作为农业产业化最有代表性的案例，广东省委党校认为，这是“省市区镇四级党校联动合作的成功范例”。

二、双水党校的办学特色

双水党校坚持办学 60 余年，源源不断为农村培养合格党员，办出了特色和口碑，见证了党和人民事业在双水镇发展的不平凡历程，为基层党的建设提供了源源不断的智力支持。2023 年 3 月，习近平总书记出席中央党校建校 90 周年庆祝大会暨 2023 年春季学期开学典礼时发表重要讲话，强调“为党育才、为党献策”是党校始终不变的初心。双水党校坚守“为农村培养合格党员”的初心，就是“为党育才”党校初心在农村的具体体现。

一是坚持政治办校。党校是党的政治学校，坚持政治办校是党校工作的前提。《中国共产党党校（行政学院）工作条例》关于党校工作遵循原则的第一条就是：“坚持党校姓党，把旗帜鲜明讲政治融入党校（行政学院）工作全过程和各方面，模范遵守党的政治纪律和政治规矩。”2015 年 12 月 11 日，习近平总书记在全国党校工作会议上的重要讲话强调：“党校事业是党的事业的重要组成部分，党校是我们党教育培训党员领导干部的主渠道。这就决定了党校必须姓党。党校不姓党，或者不能很好姓党，就不能完成党所赋予的庄严使命。”党校姓党就是我们坚持政治办校的根本要求。双水党校是 1959 年，响应周恩来总理视察新会时提出的“城乡结合，工农结合，体力劳动与脑力劳动结合”的指示，在三年困难时期办起来的，以延安“抗大”为榜样建校。可以说，双水党校在办学之初政治站位就非常高，有伟人的亲切关怀，有榜样的光辉指引，党校自身也牢记嘱托，不负使命，在 60 多年的坚守当中，始终坚持正确的政治方针，坚持为党育人、为国育才，真正把党校姓党的政治理念贯穿到了办学治校的过程当中，培养了一批又一批农村干部和党员，对双水镇乃至新会区的发展做出了重要贡献。

二是办学信念坚定。双水党校办学初期，正处于三年困难时期，条件十分艰苦。没有讲台，教员就用神台当讲台；没有桌椅，学员们就以地为椅、

1980 年 4 月，双水党校隆重表彰党校工作先进集体、先进个人

以腿为桌；没有床，学员们就以禾秆草为床铺……当时学员基本是步行到校上课，学习期间还需要交伙食费。学员一边劳动，一边学习，尽管连伙食都要自己保障，但学习热情却丝毫不减，党校仍然保持运转。“如果没有合格的党员，没有能起带头作用的人，那上级再好的政策，都很难贯彻落实下来，所以一定要坚持办好党校。”这是历届双水党委班子共同的信念。此后不管遇到什么困难，双水党校都能坚持办学，创造了 60 多年不间断办学的乡镇党校发展佳话。如果没有坚定不移的办学信念，这是很难做到的。

三是上下同心支持。双水党校在 60 多年的办学过程中，六易校址。有时是为了适应党校更好的发展，满足学员数量增长的需求，提供足够的办学空间而主动搬迁。有时是由于客观原因，被迫换地方。但是不管在多么困难的时期，上级党委一直都保证双水党校有领导机构、有学习场地、有授课教师、有教学课程，为党校办学提供了坚强的后盾。可以说，党委的支持，是双水党校能够坚持办学的一个重要原因。同时，广大党员干部群众在党校学有所获，思想理论受到了启迪，能力素质得到了提升，工作成效得到了认可，因而更加坚定不移地支持党校工作。他们在党校遇到困难时主动挺身而出，

创办于三年经济困难时期的双水党校是双水农村党员几代人的共同记忆

帮助党校渡过难关，党员干部群众的支持是双水党校能够坚持办学的另一个重要原因，也从侧面印证了双水党校的办学效果经得起历史和人民的考验。

四是办学定位明确。双水党校能够取得良好的办学效果，同其明确的办学定位分不开。为农村培养合格党员，是双水党校始终不变的初心。档案资料记录，早在 1961 年，双水党校就专门组织了一期 39 人的“后进党员思想教育班”，围绕如何当一名合格的共产党员、如何发挥党员的先锋模范作用开展专题培训。当前，双水党校的目标是打造辐射广东、影响华南的“农村党员教育培训基地”，这既符合双水党校的实际，又是双水党校的特色。乡镇党校的作用就是帮助党培训基层带头人，使党的政策能够在农村得到贯彻落实，打牢执政根基。双水党校的学员大部分是农村地区的党员，针对“农村党员教育培训基地”这个定位来培养选拔师资，进行课程开发、研究教学规律等，明确地体现了双水党校扎根农村办学的特色。全国现在还有 5 亿多农民，有广大的农村地区，乡村振兴任重道远。双水党校立足于农村党员教育培训的定位，如果能够被各地镇街党校借鉴推广，有效提升农村党员干部

1978 年 12 月，双水党校组织开展治保员培训班

的综合素质，对于国家的乡村振兴事业将会大有裨益。

五是不断与时俱进。党校是一个连接党组织与群众的平台，将党的理论和路线方针政策通过通俗易懂的方式教给党员，再让党员回去传播给群众，是基层党校行之有效的办学模式。双水党校办学过程中有一条重要经验就是不断与时俱进，根据党的事业发展和时代需求来不断调整办学方法，提高办学质量。比如，打造线上“指尖课堂”，发布粤语音频“微课堂”，利用“互联网 +”的优势，以多元化的教学形式激发基层党员干部参加教育培训的主动性，提升学员联系服务群众的能力水平。如今，双水党校不仅适应新形势形成了理论教学、现场教学、案例教学的教学模式，还更新了各方面的硬件设备。现代化设备不仅可以满足现场教学，还可以满足远程授课，可见地方党委提供了强大的后盾，也体现了打造双水党校的“匠心”。

六是坚持学以致用。双水党校教学成效体现在理论指导实践上，在党建引领下，双水镇全面筑牢基层党组织“红色堡垒”，成为江门地区经济发展最活跃的区域之一。“十三五”时期，双水镇就成为江门市首个工业产值超

双水党校党支部于 2021 年获得“广东省先进基层党组织”荣誉称号

100 亿元和财政一般预算收入超 2 亿元的“双超”镇，位列全国综合实力千强镇第 250 位。2022 年面对错综复杂的国内外经济形势和新冠疫情带来的巨大冲击，全镇实现规模以上工业产值 207.6 亿元，增长 13.79%，总量全区排名第 2；规模以上工业增加值 45.57 亿元，增长 12.16%，增速全区排名第 2。在全国千强镇排名较 2021 年上升了 15 位，新会发展主力军地位进一步得到巩固。双水镇近年还荣获了“广东省乡村治理示范镇”“江门市基层党建示范镇”等称号，“双水党校模式”先后获评“广东省基层党建最佳创新案例奖”“广东十大最具影响力农业农村改革案例”“国家治理（基层党建）创新经验案例”“中组部全国党员教育典型案例”等。总结双水镇近年的经济社会发展经验，基层党建工作既是重点，也是亮点。

三、在新的历史起点上，继续推进双水党校新发展，争创全国一流镇街党校

《中国共产党党校（行政学院）工作条例》指出，党校（行政学院）工作必须高举中国特色社会主义伟大旗帜，坚持以马克思列宁主义、毛泽东思

想、邓小平理论、“三个代表”重要思想、科学发展观、习近平新时代中国特色社会主义思想为指导，增强“四个意识”、坚定“四个自信”、做到“两个维护”，落实新时代党的建设总要求，紧紧围绕党和国家工作大局，以培养造就忠诚干净担当的高素质专业化干部队伍为主要目标，发挥干部培训、思想引领、理论建设、决策咨询作用，为新时代坚持和发展中国特色社会主义服务。站在新的历史起点上，围绕打造成立足广东、辐射华南、影响全国的“农村党员教育培训基地”的目标，江门遵循党校工作基本原则，不断健全完善双水党校软硬件配套设施，不断提高教育教学水平，真正办出成效、办出特色，致力于将其办成全国一流的镇街党校。

一是坚持党校姓党，总结提炼办校办学经验。“坚持党的领导”是党的百年奋斗得出的“十条历史经验”的首要内容，是党和国家一切工作的根本保证。不忘初心，牢记使命，双水党校办学要从党的百年奋斗历程中汲取精神力量，始终把思想理论武器牢牢掌握在党的手中。围绕中心、服务大局，把旗帜鲜明讲政治融入双水党校工作全过程和各方面，模范遵守党的政治纪律和政治规矩，充分发挥党校教育培训基层党员干部的职能。昂扬奋进、砥

双水党校校史展厅

2021 年 7 月，双水党校成为“全国党刊红色教育基地”

砺前行，总结提炼双水党校办学经验，不断探索创新党员教育新途径、新方式，把好的经验向全省乃至全国推广。

二是坚持实事求是，优化课程设计。双水党校培训课程设置按照“体现党校宗旨、符合基层实际、适应党员需求”的原则，注重理论联系实际，强化问题导向，做到学思用贯通、知信行统一。以基层党员培训需求为切入点，做好培训需求调研，精心设计课程，让党员真正做到缺什么学什么，增强培训工作的针对性和实效性。增加本地文旅和特色产业课程，增加特色产业和文化产业教学现场教学点，运用本地特色资源，开发、设计现场教学精品线路，形成一批集现场讲解、观摩体验、互动交流、点评答疑为一体，有地方特色的现场教学范例，带动本地文旅和新会陈皮等特色产业的发展。

三是坚持质量立校，加快党校扩容提质。积极探索和遵循党校教育规律和干部成长规律，提高教学、科研、咨询和管理水平。硬件方面，加快双水党校综合楼建设，建成集教研、培训、食宿于一体的党员教育培训基地。软件方面，充分发挥党校平台优势，不断壮大师资力量，建立开放式党员教育师资库，以镇街党政班子成员、村（社区）党组织书记为师资力量的主体，从市直单位干部、市委党校教师、优秀乡贤、老革命老战士、满 50 年党龄

新会陈皮国家现代农业产业园是双水党校的现场教学点

老党员等群体中挑选高素质人员纳入镇级党校兼职教师库，丰富镇街党校师资来源，推动乡镇党校事业高质量发展，为乡村振兴源源不断地培养人才。

四是坚持改革创新，强化党建合作。不断完善体制机制，增强办学活力，编制具有特色的办学课程，优化现场教学线路，加强与央媒省刊深度合作，共谋发展，发表学术报告、办学经验、研究成果。打造乡村振兴人才培训基地，总结可复制、可推广的农村基层党建案例的经验，推动农村基层党建的制度化、规范化和标准化，打造农村基层党建智库。突出实践实干实效，让党员教育主阵地“强起来”，把红色教育资源“连起来”，把远程教育平台“用起来”，使党校学习教育活动更形象生动、更具有生命力。

五是坚持从严治校，为农村培养更多合格党员。让参训的农村党员重温昔日党校办学的艰辛历程，感受老一辈共产党员求学求知的艰辛和决心，大力弘扬学习之风、朴素之风、清朗之风。落实人员工作制度、经费保障制度、培训考勤制度等，确保每年安排党校专项经费，每年办班不少于 60 期。强化干部培训学习考核，建立培训结果反馈制度，为组织部门干部任用提供有价值的参考。进一步拓展党员教育覆盖面，为农村培养更多合格党员、干部和乡土优秀人才，进一步擦亮双水党校品牌，争创全国一流镇街党校。

第二部分

我和双水党校的故事

双水党校点燃党员教育的“星星之火”

温耀全

1977 年，原任人民公社（镇）共青团团委书记的我，被调去双水党校担任校长，由此开启了长达 3 年的校长生涯。

布衣蔬食　不忘初心

当时，双水党校办班是一期几十人，学员们脱产培训，带上行李，食宿都在党校，学满一周才回家。当时条件艰苦，缺人缺物，但一种信念始终根植在教职员工、学员们的心中，那就是“世上无难事，只怕有心人”。

环境艰苦。初次办党校在大圣庙，道路崎岖，杂草丛生，交通不便。党校发动学员带上锄头、镰刀疏通山道，其他农场场员也赶来帮忙。那时山上水电不足，没有光线的晚上便无法学习。党校立刻寻求相关部门帮忙，拉电线提供灯光。睡觉缺床板，学习缺台灯、桌椅，甚至做饭缺锅盖，党校的教职工们就下乡搜集物资，自行制作。

经济困难。党校提供一日三餐，菜市场偏僻，教员日行几公里下山买菜；学员众多，却只有两个炊事员。为了让学员们心无旁骛地学习，党校发动学

双水镇新党员在双水党校进行入党宣誓

员一起开荒种田，在党校附近开辟十几亩耕地，自给自足，稳定了学员们学习的心。

许多地方都办党校，但是像双水党校这样坚持办学60多年且从未中断的，却不多见，党的坚强领导是数十年坚守的重要原因。当时的公社副书记专门抓党校建设，不辞辛劳，亲自讲课，全力支持党校教育。

优质教育　硕果累累

教员尽职。双水党校以培养合格党员、党员人才为根本，办学初期就从高从严、高标准把控学员质量。党支部推选优秀党员、先进党员，经组织审查后，招收50—60人进入党校学习。教员来自各个不同单位，如公社、学校等。每期教员固定不变，一期一期传承才能有丰富的教学经验。教员人不多，只有五六个，但齐心合力。备课时，所有教员一起交流，查阅大量材料、寻找诸多例子，理论联系实际；上课时，其他教员也在一旁听课；课后，教员互相点评指正，常态化总结经验，为下一期讲课服务。双水党校每期结束后，都需要总结并向县委组织部、宣传部汇报，争取上级更多的重视和支持。

双水党校老教员在授课

教学内容打好“思想教育”“文体实践”两张牌。思想教育上，以“如何做好一个共产党员”为主线，每期带领全体学员背诵、重温入党誓词。还学文学、学政治。党校文体活动也活跃多彩。以学员自主开荒的实践活动来办党校是其他地方鲜有的，我认为这是一种创举。种田之外，党校规定一期有一晚放电影。若有特殊情况没有电影播放，大家就唱歌。学员们常常自编民谣、编歌曲。“双水有个孙悟空，插秧能手林叶基”就是学员们自编自唱，从生活中得到灵感，自己作出来赞扬同班同志的歌谣。

大家常道“7天学不够”，对我说：“办得这么好，延长一些时间吧，校长！”这也突出了双水党校办学成果累累，越办越想办，越办劲越足。

每期课程结束后，学员都回到村里分享学习成果，做榜样，树典范，充分发挥先锋模范作用，助力农村整修水利、加固围堤、担塘泥积肥。当时上凌村就有学员发动社员开发荒山，大种果木，原本光秃秃的山头变得郁郁葱葱了。基背村的学员发动村民大整围堤，降低台风可能给生产经营带来的损失。这些鲜活的、为群众办实事的实例都离不开双水党校春风化雨般的培养，离不开以60多年始终如一的初心点燃的“星星之火”。

本文作者是双水党校第三任校长

双水党校是新会的“南泥湾”

谭群可

我于1984年在双水上凌村任乡长，3年后，被调去双水党校任教员。后来，时任校长调动到双水镇侨联工作，镇党委便决定让我担任双水党校校长，由此开始了6年的校长生涯。由于工作出色，我于1991年被广东省委组织部、省委宣传部评为“优秀党员教育工作者”。

调研备课　因材施教

当时，双水党校办班并没有固定的人数和学期，一个班有多少学员取决于办什么班，少则80人，多则130人。而一年办多少期班更是取决于各村的规模，规模小的村，一般4—5个村合并起来办一期班；规模大的村，例如上凌村、塔岭村等，则可以一个村办一期班。

那时候去党校上课的一般是三种人——党员、党的基层干部（组织委员、宣传委员、治保主任）和入党积极分子（纳新对象），根据每个班的授课对象不同，有针对性地选择授课内容，因材施教，这也对教员的备课提出了更高的要求。

1977 年双水党校培训班

每当到了备课的时候，党校的教员职工们便会根据当年党委的工作部署，结合上级提出的政治任务、工作要求、年度计划、要筹办的活动等，集中备第一次课后，再开展为期两周的下乡调研，回来汇集调研信息后，再进行第二次备课，经党校党支部商议讨论后呈镇党委审批。党校的开学既用马克思主义理论来武装头脑，又用调研得来的农村实际来指导实践，将建设有中国特色的社会主义落实到双水党校的课堂上，走出一条符合中国国情的党校之路。

各界支持　教员负责

社会支持。双水各党支部为了有个地方学习，大家出钱、出人、出力在将军山建了两层教学大楼。这是双水党校第四次搬迁时发生的事。当时，由于双水党校旧址龙母庙破败陈旧，条件有限，加上党员人数众多，双水党校一度考虑停止轮训。但在征求意见时，各村党员干部却不答应了，于是党员

1978 年 9 月，双水党校举办党员骨干培训班

干部带动广大人民群众出钱出力，手拉肩扛，最终在 1980 年建成了一座两层高的石头外墙教学楼供党校使用，为党校办学提供了硬件保障。

学员坚持。给我印象最深刻的学员是沙萌村的盛伯。当时，盛伯参加为期 5 天的党校培训学习，但其女儿患有残疾，没办法自己做饭，盛伯每天中午都会骑自行车回家先给女儿做饭，再回党校参加培训。学员们非常支持党校办学，那时候党校白天安排学习，中午休息，下午劳动，晚上举行文体活动，学习生活十分充实。大家还把将军山大圣庙的党校叫作新会的“南泥湾”，可见人们对党校的热爱和肯定。

我认为，虽然党校培训的条件比较艰苦，但学员们心情舒畅，精神面貌很好，这是因为学员的思想境界在党校得到升华。当时我们在党校主要讲两个问题：一个是立党为公，共产党员要为人民谋幸福；第二个是发掘身边典型人物先进事迹，开展理论宣传。

教员负责。党校的教员职工们不仅负责教学，还承担着照料学员生活的责任。为了让学员们在宿舍住得安心、安全，教员职工们往往晚上一两点还去宿舍巡查一遍，看看大家有什么需求，有没有身体不舒服的。每逢学校旁的庙香火旺盛的时候，鞭炮也烧得很厉害，教员职工更是不敢睡熟，留意有没有突发情况。

双水自从1958年在上凌村成立双水人民公社后，一直非常重视党建、重视党员教育。不忘初心，是这所乡镇党校60多年乘风破浪仍坚持办学的内核动力，而因材施教的课程、社会的支持与教员的负责则是这所党校“随风潜入夜，润物细无声”的那场春雨。

本文作者是双水党校第七任校长

双水党校是学习马列主义的好课堂

张务南

我于1971年7月1日被当时的双水公社正式吸收为公社干部，一年后，于1972年秋季担任双水党校两期党员干部学习班的教员。我离开党校后，又常常跟随镇党委相关负责人回党校协助审核拟办班计划、辅导报告等。我有写日记的习惯，当时也用文字记录了党校的一些办学情况。

有教无类　因材施教

在20世纪70年代初，来党校上课的学员有公社干部、农村大队党组织书记等骨干党员，也有农民党员。一些妇女党员还会带着自己的孩子一起来学习。党校迁往豪山村龙母庙办学后，陆续举办了各种类型的党员、干部学习班。在本人笔记中，详细记录了当时公社党校学习班计划的指导思想、学习内容、学习要求、学习方法和编班情况等，学员人数逐渐增多，党校办学内容也越来越丰富。

课后我们会与学员一对一、面对面讨论交流，针对每位学员的个人情况因材施教，跟进他们的学习情况并进行思想上的开导。党校迁回将军山大圣

1979 年 9 月双水党校举办的农委学习班

庙时，党委要求全社党员在党校学习毛泽东重要著作，党校开设了相关学习班，并组织全社党员来校轮训。在本人笔记中有以下记录：党校在党委的高度重视下，以大圣庙为新校址，从 4 月 21 日开课，已连续举办多期，参加学习党员干部共计 1249 人次。办学做到“五有”：有领导、有教员、有校址、有计划、有基地。过程做到“四个结合”：个人自学与集体辅导相结合，分组讨论与典型发言相结合，正面教育与自我革命相结合，看书学习与生产劳动相结合。还有纪律上的“五大公约”，学习方法上的“五字方针”（学、忆、查、批、立），以及学员对党校的评价，包括学习马列主义的好课堂、前进路上的加油站、继续革命的新起点、思想建设的好阵地。

实事求是　与时俱进

党校课程遵循理论联系实际的原则，将学习内容与当时的会议精神、方针政策和本地实际情况紧密结合，让党员的学习有实效。我当年讲课的内容是《共产党宣言》，为了备好这节课，我阅读了许多书籍，翻阅了许多资料，丰富了知识储备，才敢上讲台。同时，我在课堂上鼓励学员多动脑筋、轮流发言，结合自己的生活、工作经历去谈学习体会，因此，当时学员们的学习自觉性很高。许多农村党员原来对党章党规了解不是很深，经过在党校的学习后，收获满满，学习结束后还恋恋不舍。

双水党校老教员与学员一起研读

党校课程安排紧跟时代形势，紧抓党的中心工作，充分发挥战斗堡垒作用。例如《毛泽东选集》第五卷公开发行时，党校在党委指导下马上开设相应的学习班，对党员们进行辅导教学。1978 年初，五届全国人大一次会议召开后，党校又在党委领导下对如何宣传第五届全国人大提出的总任务做出工作部署，计划用半年时间分期分批培训党员干部，学习新宪法等，要求重点讲透两课：第一课是弄清新时期的总任务，第二课是怎样为实现新时期的总任务而奋斗等。现在回头看，我觉得一直以来，党委对双水党校的工作十分重视，常常召开会议研究党校的工作安排与未来发展；同时，党校前进的每一步都离不开教职员工的辛勤付出、学员们的真心认可。

我对双水党校怀有深厚的感情，在后来的读书、任教和工作中，都一直将双水党校精神铭记在心。这段经历激励着我不忘初心、牢记使命，至今仍保持着勤恳敬业、终生学习的工作态度。

本文作者是双水党校七八十年代老教员

在推动双水党校打造全国一流镇街党校征程上不懈奋斗

吴志斌

2017 年 3 月，组织安排我担任双水镇党委副书记、镇长，便开始了我与双水党校结缘的历程。从那时起，我就对双水党校能够坚持数十年如一日不间断办学，以及始终保持开展全镇党员大轮训的优良传统感到十分惊讶和敬佩。任职 5 年多的时间里，双水党校逐步成为江门市党员教育培训基地、江门市农村基层党建学院，成为“广东镇街党校的一面旗帜”，在国内享有相当高的知名度。我有幸见证并参与了双水党校从平凡走向优秀，从江门走向辐射广东、影响全国的奋斗历程，倍感自豪和高兴。

一、从镇内平凡到全市示范，双水党校迈进镇街党校建设快车道

初到双水工作，我就参加过在双水党校举办的党员轮训。那时党校课室比较简单，培训设备条件一般，教职工和师资力量也没有现在丰富，但党委对每年的党员培训十分重视，培训内容也很接地气。2018 年，随着广东省

委组织部、省委党校联合印发的《关于进一步加强镇街党校建设的意见》实施，双水党校也因数十年不间断连续办学的踏实做法被江门市委组织部确定为江门市镇街党校建设的示范点，并在双水党校召开了全市镇街党校建设现场会。从那时起，升级改造双水党校便摆上了镇党委、镇政府重要议事日程，党校的建设资金，是镇里必须马上解决的事情。在镇党委的坚强领导下，我和同事们多方筹措资金，与镇组织部门的同事多次到上级争取支持，也经常一起探讨如何升级改造，并借鉴党校建设的各种专业意见和先进做法。同时，我也认识到党校要想办得好，必须有固定的专项资金投入，所以牵头制定双水党校每年的经费保障措施，将党校每年的基本运营、办学支出、基础设施改造、设备升级等纳入镇财政每年的预算，确保党校每年的建设运营经费不少于 50 万元。2018 年，双水党校实现了全面升级改造，现场会办得很成功，办学设施设备都得到了很大的提升，各项制度和保障措施也得到逐步完善，双水党校成为江门市首个农村党员教育培训基地。可以说，2018 年是双水党校发展史上的里程碑之一。

二、从全市一流到广东旗帜，双水党校不断攀登新的高度

经过 2018 年一年的努力，双水党校已基本形成新时代办校办学的雏形。而 2019 年和 2020 年，是双水党校走出江门、走向全省全国的一个重要阶段。其中有三件事，我的印象非常深刻。

第一件事是 2019 年 3 月，在江门市委组织部的统筹下，双水党校开始对外承接培训任务。江门市镇（街）组织委员和专职组织员“提升组织力”专题培训班是双水党校承接的第一个外训班，那一期的外训班吹响了双水党校承接外训的号角。到我调离双水工作时，双水党校已经承接了超过 400 期的内外培训班，包括广东省委党校中青年干部培训班和来自四川、江西等省外的培训班。

第二件事是双水党校成立 60 周年，双水党校迎来了时任中组部党员教

双水党校校史展览室

育中心主任李博同志莅临指导。当听到李博主任充分肯定了双水党校的办校办学，并做出“双水党校是全国乡镇党校中最好的一所”的评价时，我和同事们的内心感到无比激动。2019年6月，《人民日报》以《一所乡镇党校的六十年坚守》为题对双水党校做了深度报道，随后新华社、《中国组织人事报》、《南方日报》、《南方》杂志等多家主流媒体纷纷聚焦双水党校，双水党校的名声开始在全国流传。

第三件事是和《半月谈》杂志社的党建结对共建。2019年9月，双水党校和央媒《半月谈》杂志社正式结对共建，开启了党建共建之路。双方通过理论教学、师资支撑、智库咨询、宣传推介等多方面合作，填补了乡镇党校在高端师资、学术研究等方面渠道不畅的问题，使双水党校能够不断比学赶超。

三、从走出广东到面向全国，双水党校一直在不懈奋斗

2020年12月，组织安排我担任双水党校校长，我接过了振兴发展双水党校的重任。从那时起，拓宽办学范围、提升党校平台以及升级教学阵地，推动双水党校再创新佳绩成为我和同事们的努力方向。此时，双水党校的办

学特色做法也引起了省市各级领导干部的关注和指导，我们持续为各级领导宣传推介双水党校，不断听取优化办学的意见和建议，积极争取在党校建设上获得更大支持。

梁家河是习近平总书记度过七年知青岁月的地方，梁家河培训学院是传播习近平新时代中国特色社会主义思想的重要窗口和前沿阵地。2021 年 5 月，在上级的支持帮助下，我们远赴革命圣地延安，成功与中共延川县委党校签订战略合作协议，为党性教育培训添砖加瓦，大大拓宽了双水党校的办学“朋友圈”。

2021 年 6 月，双水党校党支部被中共广东省委授予“广东省先进基层党组织”称号。同年 7 月，挂牌成立江门市农村基层党建学院，邀请全省高水平专家学者到双水党校开展研讨，探讨基层党员教育守正创新，为双水党校办校办学建言献策、献计出力。

随着双水党校知名度的不断提高，双水党校承接来自市内外的参观培训人数不断增加，但受限于党校的硬件设施水平，难以满足新时期对党员干部进行集中封闭式培训的要求，拓展教学场所、完善教学设施成为双水党校的迫切要求，双水党校综合楼的建设也提上了重要日程，被列入江门市和新会区党建工作的重点任务。双水党校的建设始终记挂在我和同事们的心头，我们积极协调解决建设过程中遇到的难题。综合楼建设项目规模大，资金缺口也大，我和同事们多方奔走，争取各级各界资金支持，落实项目建设的资金保障。

2022 年 8 月，我因工作需要不再担任双水党校校长，但我对自己能够有幸参与和见证双水党校从平凡走向优秀、从江门走向辐射广东影响全国的这段历程，感到十分荣幸，我将永远关心支持双水党校的发展。我与双水党校的故事也是我成长经历的重要部分，希望双水党校越办越好，勇立潮头，再创新辉煌。

本文作者是中共江门市委改革办专职副主任

我与双水党校的 1979 个日与夜

梁志成

双水党校，一个响亮的名字，一个令人自豪的名字，更是一个催人奋进的名字。2016 年至 2021 年，这 5 年我先后在双水镇委、新会区委组织部工作，有幸参与到双水党校建设，在 1979 个日与夜中与同事们共同努力，尝过了其中的“甜酸苦辣”。

这 5 年，双水党校登上了《人民日报》《中国组织人事报》等主流媒体。这 5 年，双水党校获得了广东省先进基层党组织、广东省社会科学普及基地、广东省基层党建最佳创新案例等荣誉称号。这 5 年，在 1979 个日与夜中我感触良多，我用 4 个数字来讲讲我和双水党校之间的故事。

第一个数字是“25”，把不可能变成现实

双水党校自 1959 年 3 月开始历经 6 次搬迁，2004 年搬迁至现址，是一栋高 5 层、建筑面积 1500 平方米的楼宇。由于历史原因，2018 年以前党校仍在使用的只有二楼一个培训室，其他地方基本停用多年。2018 年 6 月，广东省委组织部、省委党校出台《关于进一步加强镇街党校建设的意见》，江

门市委组织部将双水党校定为示范点，并定在25天后召开现场会。消息是可喜的，双水党校虽然保存相对完整，但与示范点的要求仍差距太大。当时，双水镇党委研究决定，由镇组织办负总责，对党校从硬件、软件进行全面升级，包括设立校史展览、升级4个培训室、拍摄专题介绍片等。

25天，怀着不辜负组织信任的信念，镇组织办的8名同志，其中6名是“红色娘子军”，开启“5+2”“白 + 黑”战斗模式。其中令我印象最深的是两件事。第一件事是校史展览。原有资料不多，如何让大家再次走进“辉煌的过去”呢？一方面，我们把历任健在的党校校长、教员和职工全部采访一遍，收集与党校相关的珍贵历史资料。他们都说：“支持党校建设，把干货都拿出来。”这“干货”包括党校里没存有的多张党员干部培训的毕业合照、教职工的工作和生活照，以及不同年份培训计划及讲课手稿等。另一方面，我们搜遍区镇档案馆，找到了多份珍贵资料，其中就包括1962年双水党校的办学总结。这些让我们欣喜若狂、如获至宝。第二件事是培训室升级改造。但如何升级呢？问题摆在我们面前，唯其艰难，方显勇毅，同志们像打了鸡血一样激情澎湃，头脑风暴、各抒己见。最终通过现代与历史相结合，我们在党校三楼打造了初心大讲堂、使命研习社，以七八十年代的旧教具、旧教材、旧场景让广大参训党员忆苦思甜。总之，这25天，同志们以党校为家，写材料的把脑子写实了，搞设计的把眼睛搞蒙了，功夫不负有心人，成功地把不可能变成现实。

第二个数字是“60”，双水党校精神生动演绎

1959年3月，双水党校成立，六迁其址初心不改，在上级党委的正确领导以及历届校长、教员和学员的共同努力下，无论在三年困难时期、十年“文革”时代，还是在改革开放浪潮中，都能坚持办学，从未间断。

2019年3月，双水党校默默无闻地走过了60年。在这关键时刻，中组部、广东省委组织部有关领导莅临双水党校专题调研。这应该是双水党校60年

来最高层面的调研。我有幸作为乡镇党校工作者参加座谈会。能参加本次座谈会，我激动了几个晚上，总是辗转反侧，总在思考如何才能汇报好双水党校的工作。会上，时任中组部党员教育中心主任李博评价道："双水党校是全国乡镇党校中最好的一所。"这一刻，作为双水党校的一分子，我为党校而自豪。60 年，坚持办好一件事、坚持为农村培养合格党员不容易，这正是双水党校精神之所在。

第三个数字是"2"，继往开来、与时俱进

这个"2"就是双水党校以"内训 + 外培"勇开新局。在市、区两级组织部门、党校的具体指导下，在较好完成双水镇 4000 多名党员干部培训教育的基础上，双水党校探索对外承接各层次各类型培训班。这在全省、全市都是一次新的尝试，是一个"从零开始"的新挑战、新机遇。我初时内心很忐忑，常想"能不能""行不行"，但同事们热情高涨，就此从办学课程、培训路线、教学师资和教学服务等开始不断探索，先后承接了来自湖南、广西等地的省外培训班，还承接了广东省粤西片的村书记培训班，等等。

2021 年，位于梁家河旁的双水党校与梁家河干部培训学院结对共建。当时，我们去到梁家河干部培训学院，对方领导相当重视，还表示："双水党校很出名，我们可以与你们合办培训班，资源共享，优势互补。"这话让我们备受鼓舞，我们觉得之前的努力没有白费。后来，越来越多党员干部来到双水党校参观、学习、培训，我们逐步建立起"双水党校"品牌，让新会区乃至江门市的党建影响力进一步扩大。

第四个数字是"90"，双水党校模式成样本

2019 年，广东省委组织部拟从省的层面出台文件推进镇街党校规范化建设。经市委组织部推荐，我被抽调到文件起草专班 90 天。其间，我跟着省

双水党校夜景

委组织部的领导到广州、中山、佛山、清远等地的镇街党校进行调研，看到了各级对镇街党校建设、党员干部培训教育的高度重视，也看到了各地结合本土实际办出不同特色镇街党校的成绩，同时也坚定了我们发扬光荣传统、进一步办好双水党校的决心和信心。

这 90 天里，我参加了不少座谈会、调研会，听取了不少对镇街党校建设的意见建议，同时还传授“功夫”，将我市、我区和双水党校的经验做法以及下一步计划设想等做了汇报与交流，并形成了书面材料。2020 年 5 月 9 日，广东省委组织部印发《乡镇（街道）党校管理办法（试行）》，其中不少要求、标准和做法都能见到江门市及双水党校的“影子”。可见，双水党校的模式是可复制、可推广的。

2024 年将是双水党校建校 65 周年。在广东省委实施“百县千镇万村高质量发展工程”、江门市委“六大工程”和新会区委“一园三中心”建设中，相信双水党校必定更有作为。祝愿双水党校这面旗帜飘扬得更高、更高！

本文作者是江门市新会区司前镇党委书记

从学员到校长，由相遇到相守

曾庆华

回想起来，2019 年初，我是双水党校的一名学员，这是我第一次接触双水党校。后来，因为岗位调整，我调到了双水镇工作，与双水党校的距离进一步拉近，牵头解决了党校发展的不少难题，深深地感受到党校办校办学不容易，而坚持 60 多年不间断办学更是非常难得。如今我当上了双水党校的校长，接过了党校建设和发展的指挥棒，我深知“掌舵人”的责任与担当，与党校由相遇到相守，从学员到校长，我将奋力接续绘制好双水党校高质量发展新蓝图。

初识党校，锤炼党性锻造过硬本领

2019 年 3 月，双水党校承办江门市委组织部“提升组织力”专题培训班，这也是党校承接的第一个对外培训班。我当时在会城街道担任组织委员，以学员的身份参加此次培训，真切感悟到一所乡镇党校数十载坚守初心的风采，与时俱进的办学特色和坚持学思用贯通、知信行统一的治校理念，指引我进一步以学铸魂、以学增智、以学促干。时隔数年，我仍清晰地记得在培

双水党校富有特色的教学

训班上，时任市委组织部副部长张学东为我们做“以新担当新作为推动基层党建强起来、实起来”专题授课，详细解读广东省基层党建三年行动计划重点任务，并以一个个鲜活的案例，深入浅出地讲解了基层党建工作的重点、难点、亮点，让我受益匪浅。同时，精选的现场教学、案例教学也令我耳目一新。在双水党校培训，使我思想再洗礼、精神再激扬。回到工作岗位后，我把学习成果运用于实践，在自己分管的党建领域，组织会城街道党员开展轮训，通过政治思想锤炼、增强业务本领等，推动农村党组织“三基四化”专项治理等重点工作取得实质成效。

再度结缘，踔厉奋发推动党校提质

2021年，我调任双水镇党委副书记、镇长，意外与双水党校结下良缘。那时我主持镇政府的全面工作，深知党校发展必须要有经费保障，于是大力推动增加财政专项经费用于保障党校运作。同时，我还组织相关部门盘活国有资产，活用存量土地，增加镇财政收入，大力践行“我为群众办实事”实践活动，美化圩镇及党校周边配套。积极争取上级部门单位支持，多渠道筹集资金升级改造双水党校旁的振兴公园，为学员群众提供更舒适的休闲地，把原来河边的破烂河滨路升级改造为党建长廊，并建设双水镇党群服务中心，形成“双水党校—党校公园—党建长廊—党群服务中心”5分钟党群服务圈、生活圈，进一步筑牢党员教育主阵地。

坚守初心，勇毅前行谱写党校新篇

2023 年 2 月，我担任双水镇党委书记，兼任双水党校校长。与双水党校从 4 年前的相逢到现在的相守，我将尽心尽力耕好党校事业这份“责任田”。

提升结对共建成果，扩大双水党校“朋友圈”。江门市依托双水党校成立江门市农村基层党建学院，成为全国党刊红色教育基地，与延川县委党校、夏北浩部队党建共建，朋友圈子越来越广。双水党校将积极联学共建，促进融合发展，逐步形成“教育基地共建、教学资源共享、课程安排共商、现场教学共育”的长效共建共育机制。

建强多元“师资链”，优化双水党校“课程链”。通过加大与上级党校、知名高校合作，挖掘本地“土专家”“田秀才”等方式，建立各类型师资库，满足学员多样课程需求。围绕高质量发展、“百县千镇万村高质量发展工程”等工作重点，紧盯提高教学质量这个中心，坚持在抓好理论宣讲、解读政策等必修课上，开设更多紧密结合实际、具有本土特色的选修课，建立党校“课程链”，推动领导班子进讲堂，进一步深化全员轮训品牌“百日大练兵”培训效果。

坚持质量立校，促进“硬件”“软件”双提升。加快校区扩建步伐，解决制约双水党校长远发展的问题。把质量立校、从严治校的要求贯彻到双水党校工作全过程，继续深化双水党校“三融合”“套餐式”特色教学模式，提高教学实际效果；点燃培育人才“红色引擎”，强化红色讲解员队伍，不断开拓党校现场教学点，全力推动党校教学水平、培训水平再上新台阶，把党员教育成果转化为推动经济社会高质量发展的有力实践。

本文作者是江门市新会区双水镇党委书记、双水党校校长

守初心、续传承，开创双水党校高质量发展新局面

陈德斌

2021 年 7 月，我因工作需要到双水镇担任党委副书记，兼任双水镇委党校常务副校长。双水党校从 1959 年 3 月建立以来，一直坚守“为农村培养合格党员”这一初心，从办学初期的专题培训，到 1977 年开始的党员全员轮训，直至 2018 年内培外训相互结合，被誉为“广东镇街党校的一面旗帜”。我深感责任重大、使命光荣。

充实师资，凝聚合力推动党校发展

为了进一步统筹师资、课程、教材与各类红色爱国主义培训阵地，2021 年，在上级组织部门和党校的大力支持下，江门市依托双水党校成立了农村基层党建学院。我非常荣幸能够参与多项改革工作，比如与陕西延安的中共延川县委党校、夏北浩部队等一批单位共建结对，挂牌全国党刊红色教育基地，筹备南方党建智库专家学者座谈等，从中我进一步强化了自己的主体责任意识，对双水党校的办学初心、历史发展、教学模式等有了新的体会，这

也引领我在之后的党校工作中永葆创新意识，不断完善双水党校体制机制，擦亮双水党校品牌。此外，我按照有阵地、有制度、有队伍、有平台、有经费等标准，系统性梳理党校工作计划及制度措施保障，整合“双水发布”公众号“线上党校”模块资源，推动双水党校成为“广东省标准型社会科学普及基地”。

双水党校与夏北浩所在部队党建共建

我深知镇级党校容易存在缺乏固定师资的短板，所以建立一个素质优良、结构合理、资源共享的党校师资库，成了我在党校工作的重要任务。为此，我牵头搭建了“新会区委党校与双水镇委党校办学联合体的工作框架”，落实每半年有一名专职党校老师在镇委党校工作，实现上下级党校联动，优势互补、共同发展。积极推动双水党校从镇内先进模范人物、党员领导干部、老党员老战士等各类群体中遴选兼职教员100余人。充分借助省、市、区三

2023年宁明县粤桂协作助力乡村振兴专题培训班

级共千余人的开放式党员教育师资库师资力量，进一步充实了专兼职师资队伍，为党校教学水平提升奠定了坚实基础。

培优课程，全力以赴增强党校实力

作为双水党校常务副校长，我以高标准坚持从严治校，在推进党校管理上下足了功夫。每期镇内的学习班，我做到每次参与开班动员，确保教学纪律过硬。严格把好课程关，完善培训结果反馈机制，为及时完善党校后勤工作提供参考。坚持每周不定期到党校检查内务工作、了解学员和工作人员的思想状况。此外，高要求提升讲解水平。党校讲解员讲得好不好，直接关系到学员对双水党校精神的理解，因此我联合教研组每年多次更新讲解词，并根据不同学习对象，设计不同的讲解词，分门别类、因材施教，以达到最好的现场教学效果。目前双水党校配备 5 名专职人员和 3 名兼职解说员，除了实操之外，我还定期推荐他们参加市区党校组织的讲解员培训、比赛等，促使业务素质提高，全力打造一支作风优良、素质过硬、业务精湛的团队。

双水镇有 4000 多名党员，为了找准党员大轮训的培训内容，我经常组织召开组织委员、驻村干部会议，带领党校工作人员定期走访工农业党员，通过发放问卷、走访调研等方式，深入了解党员群众的培训兴趣、学习需求，在每年年初就制订好全年“百日大练兵”党员大轮训铸魂计划和“套餐式”赋能课程，如“双水党校办学历史与经验”“桥美村头雁引领村集体和群众致富”等结合双水文化的特色本土课。又如，围绕“百县千镇万村高质量发展工程”和“绿美广东”两大主题，在主体班、“头雁”专题培训班等班次中融入“双水镇文发农业种植场优质水稻新品种引进课程”“新会陈皮产业”等高质量发展课。通过内培课程的提炼，为党员轮训打好基础，为老中青党员锤炼党性、提高专业能力和实践本领，更为双水镇高质量发展培养基层人才。

升级改造，持续不断扩大党校影响力

双水党校不仅举办市内培训班，还承接各类型省内外培训班，接待参观人员不计其数。2021 年底，在江门市委组织部和新会区委区政府的大力支持下，我带领团队牵头制订了未来发展计划，将双水党校建成可容纳 300—400 名学员，包含教学楼、宿舍楼、报告厅、自助式餐厅、地下停车场、健身公园于一体的封闭式校区。第一期党校新大楼的建设涉及方方面面，不是件容易的事，一路走来可谓“逢山开路、遇水搭桥”。例如，牵头解决建设规模、地质沉降、日照影响、停车配套、消防通道等一系列问题，还有在征地中与相关部门单位协调居民群众的搬迁安置问题。在各级党委政府的坚强领导下，我发扬双水党校“为办校克服一切困难”的优良传统，千方百计、竭尽全力推动综合楼建设跑出加速度，争取早日将双水党校建设成为立足广东、辐射华南、影响全国的综合性培训基地。

党校事业是党的事业的重要组成部分。我将一如既往坚守党校初心，围绕中心、服务大局，紧密结合实际、把握时代脉搏，为双水奋力建设新会区域副中心、实现高质量发展做出新的贡献。

本文作者是江门市新会区会城街道党工委副书记

我与双水党校一起走过的日子

薛颖洁

“新的时代新的起点，勇立潮头谱写新篇。我和党校有个约定，奋楫扬帆行致远……”听着双水党校的校歌，一段段旋律，一缕缕时光，一些人一些事一些情，点点滴滴，浮现脑海，如入眼帘。这些年，各级领导对双水党校关心关爱，领航掌舵，描绘蓝图。一代代双水党校人守着对党校的爱、怀着“党校梦”，一路披荆斩棘，砥砺前行，从乡镇走向全国，成为“广东省镇街党校的一面旗帜”。我有幸守护见证了新时代双水党校的蝶变跃升，就像看待自己的孩子一样，双水党校的每一处变化、每一次成长都让我欣喜万分。

挑战与机遇

2018 年是双水党校新时代办学路上的重要转折点。5 月，双水党校迎来了第一次升级改造。当时，适逢广东省全面加强镇街党校建设，江门市在部署工作时，关注到了我们双水党校。双水党校是当时市内唯一一所独立实体办学的镇街党校，市里决定当月底在双水党校召开全市镇街党校建设现场会。

这是一次挑战，更是一次机遇，我的心情是既期盼又紧张，当时的双水党校主要用于日常的党员轮训及基本办公，无论是硬件还是软件都尚未达到示范标准。要在不足一个月内完成宣传片拍摄、校史室建设、功能室改造等，时间紧任务重，为此我们积极与市、区委组织部沟通，广泛听取大家的意见。同时，组织办迅速成立了筹备小分队，梳理脉络，兵分多路开展筹备工作，有的走家串户访谈党校老校长、老教员，梳理党校办学近 60 载的历史脉络，收集党校的旧资料旧物品；有的早上跑建材市场挑选材料、下午跑广告公司对接设计；有的废寝忘食整理提炼办学经验和创新党校新时代的教学新模式……大家结束白天的奔波忙碌后，晚上各队人马集中党校对碰，汇总老校长、老教员的回忆，深挖党校 60 年的办学历程和感人故事，党校的历史脉络得以清晰串联。

小分队同事们以党校为家，忙得连家庭也兼顾不上，领导都笑说：“这些娘子军，巾帼不让须眉啊。”功夫不负有心人，在我们的坚持不懈与精耕细作下，最终顺利完成了党校展览室、培训室、初心大讲堂、使命研习社以及

升级改造后的双水党校

党校公园的第一次升级改造，顺利圆满地举办了全市镇街党校建设现场会。

2019 年 1 月，为打造一流农村党员教育培训基地，双水党校迎来了第二次升级改造，恰逢党校建校 60 周年，筹备周年庆、跟进党校建设施工，各种任务接踵而来，但大家热情不减，继续撸起袖子加油干。当时恰巧我被抽调参与上级专项工作 3 个月，为确保抽调工作和党校发展两不误，于是，我便开启了“两班倒”的“鸡血”模式，白天参加抽调工作，晚上回党校继续奋斗，和党校的小伙伴们一起“抢时间、赶进度”。2019 年 3 月 24 日，我们迎来了中组部党员教育中心李博主任的莅临调研。调研前夕，我彻夜难眠，心里翻江倒海似的，一遍又一遍地梳理着各个流程、各个细节。小团队的几位小伙伴也是兴奋到睡不着，大家都不约而同在党校相遇，相视而笑，原来大家反正睡不着，都前来再做检查和准备。李博主任对双水党校的办校办学给予了高度评价。此时纵然身体疲惫，但我的内心满怀雀跃，双水党校能得到各级单位的关注与支持，对我们来说便是莫大的鼓舞，更是砥砺前行的动力。

铁打的营盘流水的兵，当时我们曾经并肩作战的核心小团队，现在就剩下我在双水工作了。做好党校的赓续传承，是我始终的坚守，我要把这根接力棒一代代传承下去。

传承与创新

2018 年 11 月，双水党校迎来了新起点，挂牌成为江门市农村党员教育培训基地，这意味着我们除了本地党员轮训“百日大练兵”外，还承接江门市农村党员培训业务。如何提高学员的学习质量、培训效果成了一个课题。为丰富学员的学习方式，我们小团队经常开展头脑风暴，比如开通“线上党校”服务流动党员、开启“三式融合”办学模式、创新推出“征地中敲不开门”“脱贫不想脱帽”等实践情景课堂，得到各级的肯定与认可。针对专题学习，例如党史学习教育，我们推出了“红枣青枣说党史”“党史直通车”

等新颖课堂；沟通上级，争取资金支持，串珠成链打造了“双水党校—党校公园—党建长廊—党群服务中心”5分钟党员教育圈，让教学与实践课堂相互交融，丰富了学员的课后学习生活，形式多样的培训方式也让党校的培训和服务获得了好的口碑。

2020年，我有幸作为学员参加中组部举办的全国基层党员教育师资示范班。在5天的系统培训中，我与来自全国各地的党员教育培训工作者深入交流、互学互鉴，向全国各地推广双水党校，碰撞党校在教学资源开发、培训方法创新等方面的新思路，与不少党校教育工作者结下了深厚的友谊，也为镇街党校发挥好农村党员教育主阵地的作用活跃了思维，灌输了新概念，让党校的舞台更广阔，朋友圈进一步扩大。

蝶变与跃升

2021年，市委组织部依托双水党校成立江门市农村基层党建学院，从此揭开了党校办校的新篇章。同年，双水党校与延川县委党校千里结缘、结对共建。初到梁家河，我亲身感受到习近平总书记当年知青岁月的故事，这里是一个培养干部的摇篮和锻造干部的熔炉，双方的办学初心如出一辙，这也坚定了我们要全力以赴将双水党校打造成影响全国的农村党员教育培训基地的信心。

双水党校开始陆续承接各类型培训班。其中，最难忘的是全省镇街党校管理人员培训班（第四期），那是我们承办的由广东省委组织部、省委党校主办的大型培训班。对双水党校来说，承办近500名党员的培训班还是头一次，各项工作的对接、各种资料的准备、各门课程的安排，每项工作都要做得好细、跟得好紧。当时的组织办小团队可谓倾巢而出，全力以赴。凌晨在布置场地、半夜在装资料、清晨在查漏补缺，每天都过得非常充实。最后，培训班成功举办，并得到了上级和学员的点赞认可，我们的办班水平更上了一个台阶。此后，我们先后成功承办了省直和中直机关驻村“第一书记”培训班以及四川、江西等地的培训班，承接了广东省委党校中青班，开启省市区镇四级党校联动办学新模式，得到省委党校的表扬，积累了丰富的培训经验。现在，双水党校以开放的胸怀和姿态面向全国办学。看着党校的变化，感觉就像看着自己的孩子一天天健康成长一样。

功夫不负有心人，我们的付出得到了上级的认可。2022 年，共产党员网、《学习时报》等央媒先后聚焦双水党校办学模式。作为双水党校的一分子，我感到无比自豪、骄傲。基层党校是一条严谨漫长的教学路，双水党校 60 余载的厚积薄发，离不开老校长、老教员的坚守与努力，离不开社会各界的鼎力支持，也离不开我们新时代党校人的风雨兼程，这是一代代党校人不忘初心、顽强拼搏、敢闯敢干的生动诠释。

走过万水千山，仍需跋山涉水。站在双水党校新征程上，我将一如既往坚守初心、迎难而上，坚持为农村培养合格党员的初心不变，加快双水党校扩容提质，构建开放办学新格局，不断擦亮双水党校品牌，守正创新，争创全国一流镇街党校。

本文作者是江门市新会区双水镇委副书记、双水党校常务副校长

为农村培养合格党员做出示范

黄展明

江门市有 22 万多名党员，其中镇、村党员有 8.8 万多名，街道、社区党员 4.2 万多名。这些党员处在最基层，一直以来都是党员教育的重点、难点。

2017 年 10 月，我从乡镇调到市委组织部，继续从事农村基层党建工作，而这也是我一直努力耕耘的领域。党的十九大后，省委组织部更加重视基层党员教育管理工作，专门就镇街党校建设陆续开展情况摸排、专题调研等工作。也正是在那个时候，我听说我市有一所乡镇党校，一直没有停止过办学，这就是双水党校！

由于工作关系，我对农村党员教育培养问题一直非常关注，在恩平市委组织部工作时，我就曾开展“两门党课”，一是为农村党员上形势党课，二是为农村入党积极分子、发展对象上基础党课，坚持两三年，把镇村、街道社区党员、入党积极分子和发展对象都轮训了一遍，反响依旧不错，也留下了抓好农村党员教育培训的思考。所以，当听说双水党校一直坚持不间断办学，还有自己的教学楼时，心里就有了一份窃喜，可能是找到了共鸣。

2018 年春节后上班不久，我随部领导调研农村党建，其中就专门来到双水党校，这是我第一次来到双水。调研中，我对双水党校的坚守故事很受感动，部领导也充分肯定了双水党校，提出了全面总结、继续提升的要求，指出要作为镇街党校建设的试点之一，打造成为全市镇街党校的示范点，努力走在全省前列！

那次调研后，全面拉开了我市镇街党校建设办学的序幕，全面调查研究、外出参观考察、确定试点单位、制订工作方案、召开现场会、出台保障措施等，江门镇街党校建设走在了全省前列，在全省有关会议上做了经验介绍。而这一过程中，双水党校一直在领跑、不断在超越，走上了发展快车道！在各级组织部门和领导的高度重视下，双水党校对办学经验进行了系统总结，将办学条件进行了全面升级。2019 年 3 月，恰逢双水党校建校 60 周年，该校举行了简朴而隆重的庆典，从那以后，中组部、省委组织部的有关领导，人民日报、新华社等主流媒体纷纷前来调研采访，双水党校的社会关注度达到了新高度。

在那几年，作为市委组织部镇街党校建设工作的职能科室负责人，我基本每月都往双水跑，调研、办班、讲课，也正是因为跑多了，了解更深了，期望也就更大了。这期望，就是要发挥好镇街党校党员教育的兜底功能，真正把农村党员全员培训做细做实，做成标准、做成品牌，无愧于全国为数不

双水党校学习贯彻党的二十大精神党员轮训

多能坚持 60 余载不间断办学镇街党校的称号。

事非经过不知难，坚持每年对农村党员进行全员轮训，是一个迫切工作，却又不是动动嘴、发个文件就能实现的目标。农村党员因工作、生活、知识层次等因素，要想实现每年每名党员都进党校进行正规学习培训，组织工作是个很大的考验，既考验基层党委的认识、决心，又考验党务干部的能力、水平，这也是过去很多农村党员没有参加党校系统规范培训的原因。但是，双水党校让我看到了破题的希望。

从 1977 年开始，双水党校组织党员进行全员大轮训，在很多镇街党校停办的情况下，一直坚持到现在。后来，他们将农村党员全员轮训提炼为“百日大练兵”，每年用 3 个月左右时间，把全镇 159 个党支部 4470 多名党员，按一至两个支部一期一天进行安排，理论课、实践课，以及红色教育、警示教育、乡村振兴等课程设置丰富多样，贴合农村实际，契合党员需求，走出了一条农村党员教育培训的新路、实路、成功路。

2023 年 4 月，中组部党员教育中心领导再次专程来双水党校调研，表示很有感触、很受教育启发、很有典型意义，给予充分肯定和很高评价，这让双水党校再一次站在新起点上，以新征程、新使命展现新作为、新气象，努力朝着百年镇街党校的目标踔厉奋发、砥砺前行！

作为持续奋战在党员教育管理领域的组工干部，我庆幸有这个平台，庆幸有双水党校，因为双水党校可以为我们注入努力把农村党员培训好、教育好的强大动力，这里有基础、有条件、有经验创造出农村党员教育的标准品牌、示范典型，为全市全省全国农村党员教育提供更多经验借鉴。

衷心希望双水党校越办越好，勇立潮头、勇攀高峰！

本文作者是中共江门市委组织部组织一科四级调研员

期待美好的事情早日发生

张　雷

我是 2018 年 10 月从媒体调来组织部门的，当时参与的第一项工作就是撰写一份关于双水党校办学成效的经验材料。从那时起，我便与双水党校结下了缘分。这几年来，不管是从事党建宣传或是党员教育工作，双水党校一直在我的心中占据十分重要的位置。

回忆起刚开始接触双水党校的时候，我其实是充满了怀疑和困惑的。一所乡镇党校连续不间断办学 60 年，这是真实的吗？为什么其他基层党校都停办了，唯独双水党校可以坚持下去？带着这些问题，我查阅了相关资料和媒体报道，在此过程中逐渐对双水党校有了深入的了解，心中的质疑也随之散去。那一张张斑驳的黑白照片、一本本手写的授课文稿，完整地记录了双水党校 60 余年的办学历程。更加难能可贵的是，从 1977 年开始，双水党校就启动了对当地党员开展全员轮训，这一做法也一直坚持到今天。这样的办学历程不仅在广东独此一家，而且在全国范围内目前也是唯一的。因此，我对双水党校的疑惑很快就消除了，这的确是一所了不起的乡镇党校。然而，我心中那份疑惑——是什么力量支撑双水党校可以历经风雨屹立不倒？直到我有幸采访了几位老校长、老教员之后才得以解除。2019 年，根据部领导的

1978 年双水党校第三期学员合影留念

点题，由我跟几位同事一起负责制作一部关于双水党校的纪录片。为了完成拍摄，我们在双水镇委的协助下，找到了几位当年的老校长、老教员，包括第三任校长温耀全、第七任校长谭群可、第八任校长张福然及老教员谭柏城、张务南等，他们都热情接受了我们的采访。虽然他们大多年纪已经很大了，但对当年的任教经历却充满了自豪，讲起往事也都滔滔不绝。他们当时办学经历的困难各不相同，但都有这样一个共识，即党的好政策始终要靠合格的党员去推动落实，因此不能放松对普通党员的教育培训。当时的校长和教员都是精挑细选，都是极有责任心和极富情怀的，为了讲好一节课，教员都要多次下乡备课、试讲。党校形式多样、内容丰富的培训，受到一代又一代学员的欢迎，大家在学习中取得很大的收获，回到群众中也更有威信了。双水党校始终坚守“为农村培养合格党员”的初心，而广大党员群众也都真心拥护党校办学，这就是双水党校能够战胜一次次困难、坚持 60 多年不间断办学的奥秘所在。

这几年来我有幸参与推动了双水党校的发展，在此过程中我也有很多感触和收获。我深刻认识到了办好镇街党校必须把坚持党校姓党贯穿始终，确保一切教学活动都坚持党性原则、遵循党的政治路线，明确党校办学定位及宗旨，时刻不忘为党育人；办好镇街党校必须坚持与时俱进，主动适应党的事业发展和时代需求，创新思维、创新理念、创新机制、创新方法，不断提升教学质量和水平，增强发展活力和动力；办好镇街党校必须坚持学以致用，将办学成效体现在理论指导实践上，确保党员经过培训回到岗位后更有思路、更有号召力，在推动地方发展中能够发挥先锋模范作用……还有一点感触也不得不提，那就是树立一个叫得响的党建品牌极为不易，需要守正创新、久久为功、用心呵护。双水党校乃至江门镇街党校品牌的树立，凝聚了市县镇相关部门几任领导的心血，他们付出了极大的努力与热情，推动着双水党校取得一点一滴的进步。作为“广东镇街党校的一面旗帜”，一方面，双水党校的办学经验仍需不断挖掘并大力推广；另一方面，在新时代双水党校也要砥砺前行，继续向着全国一流镇街党校的目标迈进。作为一名党员教育工作者，我热切期待着更多关于双水党校的美好事情早日发生。

本文作者是中共江门市委组织部组织四科科长

梁家河培训学院与双水党校携手共进

曹晓梅

2021年7月30日，江门市农村基层党建学院揭牌成立。该学院依托双水党校成立，将进一步拓展党员教育覆盖面，扩大农村基层党建品牌影响力，为农村培养更多合格党员、干部和优秀人才。当天，陕西省中共延川县委党校与双水党校党建共建揭牌仪式也同步举行，有望进一步实现双方组织共建、产业共促、阵地共创、成果共享，推动双水基层党建工作整体向更高质量、更高水平发展。

从相隔千里到心手相牵

2021年5月17日，中共延川县委党校（梁家河培训学院）与双水党校在延川签订了战略合作框架协议，拉开了双方党建结对共建的序幕。两校共建后，我对这所远在千里之外的乡镇党校不禁充满了好奇。于是，我翻阅了关于双水党校的相关报道，了解到这所成立于1959年的乡镇党校60多年来不间断办学，源源不断为农村培养合格党员。通过进一步了解，我感觉到这与我们延川县委党校（梁家河培训学院）的办学理念十分相似，这让我对这

延川县委党校（梁家河培训学院）与双水党校党建结对共建

所与我们意相通、根相连、魂相牵的双水党校有了更多的憧憬和期待。

从心手相牵到双向奔赴

2021 年 7 月 30 日，我很荣幸受邀参加江门市农村基层党建学院挂牌成立活动，来到双水镇参加双方的党建共建揭牌仪式，面对面与双水党校开展办学交流，近距离感受双水党校的“内外兼修”与守正创新。在学习交流中，我从双水党校的历史教材、工作总结、旧照片等资料中，深入了解到双水党校 60 余年克服重重困难坚持办学的信仰密码，感悟了立足新时期党员培训教育要求，进一步增强了做好党校工作的荣誉感、责任感和使命感。

同时，双水党校与时俱进的课程设置，五大类套餐式课程、党史学习教育四大课堂以及兼具理论教学、案例启发、实战演练、现场观摩的特色课设计，无一不体现出双水党校在党员教育上精益求精的“工匠精神”以及学用结合、务实求效的教育思路。另外，双水党校对于周边红色教育资源的深入挖掘也十分到位，我们梁家河培训学院周边有延安红色历史文化资源，双水党校周边则有梁启超故居、周恩来总理视察新会纪念馆等红色印记，还有陈皮特色产业教学，是把党员教育、乡村振兴紧密结合的生动实践。

从双向奔赴到携手共进

党的二十大提出坚持理论武装同常态化长效化开展党史学习教育相结合，引导党员、干部不断学史明理、学史增信、学史崇德、学史力行，传承红色基因，赓续红色血脉，为党校工作指明了方向。站在新的历史起点上，我们将与双水党校继续保持优势“互推”的常态交流，共享“赓续革命精神，凝聚奋进力量”系列微党课课程资源，持续开展好双方研讨、师资交流、资源共享等系列共建，朝着实现党建共建、阵地共创、成果共享的方向不断前行。

本文作者是陕西省延川县委党校副校长

双水党校是可遇不可求的新闻题材

付　强

不知不觉，我与双水党校结缘 5 年了，有幸参与、见证了它的巨大变化。回首过往，心中满是充实、欣喜和感激。

2018 年 6 月，时任江门市委组织部副部长、市委两新工委书记张学东为我们提供了一条宝贵的新闻线索：江门有个镇级党校，连续办学 59 年未曾停过，你们可以来采访一下。记者听罢意识到：这可是可遇不可求的题材，于是直奔采访。

2018 年 7 月 14 日，《南方》杂志刊登了陈健鹏记者的首篇报道《独立办学 59 年：双水镇委党校的光荣与使命》。文章写道："一座乡镇党校，何以能独立办学 59 年？"文章发表后，双水党校迅速引发关注，初露峥嵘。

2018 年 10 月，双水镇委党校成为江门市农村党员教育培训基地

1978 年 8 月，双水党校第七期学习班学员留影

2018 年 10 月 18 日，江门市首个农村党员教育培训基地在双水党校挂牌。犹记得，那天一大早我从广州一路驱车飞奔，见证了这场重要的活动。印象更深的是，双水党校不仅完成了新一轮升级，而且还有了更宏伟的目标：打造全省乃至华南地区最好的农村基层党员培训基地。

开门办党校，学习不仅仅在课堂！这些创新的理念第一时间就嵌入双水党校的基因。“我们打开课堂，依托江门的红色资源，以‘党建＋产业’‘党建＋服务’的实践案例，为学员们提供最佳的体验式培训。”听过详细介绍，我立即感到：这已不是一所普通的镇级党校！它既继承了 60 年不间断办学的坚守，更有新时代守正创新的担当。

从那天起，我就开始更加关注双水党校的发展。它走的每一步，都值得研究、思考，慢慢拼凑成一张完整的双水党校蓝图。这张蓝图里，双水党校是一个核心，整合连接周边乃至江门市党员教育培训资源，资源里应有尽有：有“刑场上的婚礼”人物原型周文雍陈铁军烈士陵园、开平南楼抗日七烈士等红色资源，也有党建促乡村振兴、一二三产业融合发展的新会陈皮大产业，还有把青春奉献给麻风病防治事业的董淑猛等新时代江门本地的优秀共产党员事迹案例……以双水党校为枢纽，把全市红色资源串联起来，各种资源之间又互相产生化学反应，比学赶超，互相促进。

此后几年，我每次有机会去其他党校拜访学习，遇到做党员教育培训的专家，不自觉总要以双水案例请教。得到的反馈总是：这家党校值得研究，希望有机会去实地考察一番。

2019年1月14日，《南方》杂志又推出《双水镇委党校：薪火相传一甲子，坚守初心六十年》。在2019年一开年，记者就写了新文章，关注一所坚守初心60年的镇级党校，现今如何与时俱进，屹立不倒，仍然引领着基层党校的发展潮流。

到了2020年11月2日，《双水镇委党校：61年坚守初心，61年薪火相传》发表。几乎是编年体式的写作，记者陈健鹏对于双水党校每年的新发展、新变化都毫无遗漏地做了深入报道。

2021年7月30日，“新时代党员教育方法载体上的守正创新”研讨会在双水党校召开。出席研讨会的专家可谓星光熠熠，通俗说都是业界大咖：广东省委党校原副校长马星光教授、华南农业大学马克思主义学院院长张丰清教授等9位专家。专家们表示也是慕名而来，整个上午的研讨会，思想荟萃，精彩纷呈！

这也是我第一次担任研讨会主持人，因为双水，了解双水，与双水共同进步，走到了今天。与江门、新会两级组织部门，以及双水党校的干部交流中，我也开始关注到全国100多所党员培训学校的发展，基层领导干部缺什么、需要什么，案例、实战、研讨教学，乃至整合资源，多元化办学方向。我也要由衷说一声：感谢双水党校！

本文作者是广东省南方杂志深圳（珠中江）新闻中心主任

双水党校这几年实现了跨越发展

张　韬

2018 年 6 月，广东省出台《关于进一步加强镇街党校建设的意见》，明确了镇街党校建设的“六有”标准，全面推动镇街党校建设。一年后，全省 1626 个乡镇（街道）全部挂牌成立镇街党校并开始运作。在这个大背景下，坚持 60 多年不间断办学的双水镇委党校，进入了新华社半月谈杂志社党建共建的调研视野。在江门市及新会区两级组织部门有关领导的关注与支持下，双水镇委党校成为半月谈杂志社党建共建示范单位。而我作为杂志社党建共建项目的广东负责人，也有幸见证了双水镇委党校这几年新的跨越发展。

2019 年双水党校成为半月谈杂志社党建共建单位

知屋漏者在宇下，知政失者在草野。一直倡导并践行“扁担精神”的半月谈杂志社，在中宣部、新华社等指导下积极开展基层党建共建，一方面积极挖掘来自地方的“沾

1978 年 10 月，双水党校第十二期学员合影留念

泥土”“带露珠”的基层故事，另一方面大力推动习近平新时代中国特色社会主义思想在基层的生根开花。新会区双水镇委党校自 1959 年创办开始，经历了三年困难时期、“文化大革命”时期、改革开放时期以及新时代等不同阶段，六易其址，不改初心，始终坚持办学，源源不断为农村培养合格党员。这样的镇街党校在全国也可能独此一家，这也是双水党校能打动我们的特质。

拥有 60 多年历史的双水镇委党校有太多的沉淀与故事，如何深入挖掘？在新时代如何推陈出新、与时俱进？在“低头拉车”与“抬头看路”相结合的辩证思维下，我们看到了双水镇委党校从镇到区，再到市级层面的建校思路跨越，而通过党建共建，我们半月谈杂志社也有幸参与其中，发挥了我们的作用。

与双水镇委党校开展共建后，我们在加大对其宣传推介力度的同时，首先关注的便是师资问题，我们与江门市委组织部、新会区委组织部及双水镇委一起，推动了双水党校师资库与中央党校、广东省委党校、华南理工大学马克思主义学院等的高水平专家的合作与落地。2020年9月，半月谈杂志社邀请江门市委组织部、新会区委组织部及双水党校的有关领导一行到北京房山区燕山工委考察学习，燕山工委抓基层党建工作的思路和做法给大家留下了深刻的印象，特别是他们组织编写的《基层党建品牌培育与管理》一书对大家很有启发。当然，在这方面江门也做得很好，早在2019年，江门市委组织部就编写了《五邑红色印记》，2021年又出版了党建通俗读物《红色枣工学堂》。和燕山工委一样，江门基层党建工作也特别重视思路的创新和成果的推广。

听雨檐阶知屋漏，观云草野喜天晴。2021年，双水镇委党校正式挂牌为江门市农村基层党建学院，从而整合江门市资源，进一步打响并用好双水镇委党校这个农村党员教育培训的金字招牌，而这也十分契合新一轮广东省加强基层党建“三年行动计划”的有关要求，在全省地市走在了前列。从2019年挂牌“半月谈杂志社——新会区双水镇委党校党建共建示范单位”，到2021年江门市农村基层党建学院落成，半月谈见证了双水镇委党校的成长，也见证了江门市委组织部与新会区委抓基层党建工作的思路与创新。半月谈会继续给予双水党校极大的关注，继续讲好江门党建故事。我们相信，今天的成就也是再次出发的起点，期待双水镇委党校再接再厉、再创辉煌，早日成为在全国都极具影响力的新时代农村党员教育培训阵地。

本文作者是新华社半月谈杂志社广东中心主任

我被双水党校所蕴含的精神所感动

司徒俊杰

一所乡镇党校，坚持不断办学60余载，全国绝无仅有，这就是江门市新会区双水党校。一甲子的沉淀，有太多的故事和事迹，需要我们细心挖掘，这是一个很好的题材。作为一名新媒体记者，我接到拍摄《一所乡镇党校的坚守和传承》纪实片的任务后，决定必须拍好呈现给观众。而在摄制过程中，我们也被双水党校蕴含的精神所感动。

双水党校是克服重重困难办学至今的。在党校三楼，至今还整齐摆放着一批桌椅，它们样式略有参差，都是当年学员从自己家中搬来或者亲手打造的。20世纪六七十年代，条件艰苦，连上课的桌椅都没有，党校一度面临停办，为了坚持下去，教员和学员们齐心协力解决问

1995年双水党校党员轮训学习班

1980 年 4 月，双水党校第一期学习班学员合影留念

题。在 60 多年办学过程中，双水党校经历了几次搬迁，曾经搬到比较偏僻的将军山大圣庙。就算是今天，我们开车前往，也要经过蜿蜒曲折的路线，走过好长一段路，更何况当年还没有路。在荒山野岭之外，师生们合力开辟了一条道路，建起了两幢教学楼。大家以能到这里学习为荣，其中有一个感人的故事，为了方便大家前往上课，学员张桂兰更是将家里的牛崽儿卖掉，买了一辆自行车作为上学的交通工具。

我们在采访该校第七任校长谭群可时，他声情并茂地现场唱起了当年自编的教学民谣，非常具有时代特征和地方特色。这一情景为我们的纪实片增添了不少趣味，也反映出，当时的生活虽然艰苦，大家的精神却乐观积极，充满斗志。当时，学员们上午学习，下午劳动，晚上则可以参加唱歌、看电影等业余活动，大家称这里是“双水的南泥湾”。

全员轮训是双水党校的一个教学特色，从 20 世纪 70 年代到现在，每一位双水党员都在这里接受过培训。我们采访了一位年轻党员，他家祖孙三代人都在这里参加培训，他在学校的历史照片中找到当年爷爷参加培训的留影。这就是一种精神的传承。如今，双水党校与高水平的学校和研究机构合作建立高端的专家师资库，同时也扎根基层和本地，把本地红色资源整合串联起来，既有理论教学，也有结合实际案例的现场教学。我跟随培训班去到江海区礼乐英南村、新会区睦洲南安村等处，了解当地的情况和实际做法。学员们亲身体验后，再联系课堂上的理论知识，得到了启发，获得了灵感，取得了进步。我们采访新会区双水田心村村支书林源杰，他说正是通过双水党校的培训，自己得到很大启发。如今，田心村在他的带领下，村容村貌建设焕然一新。

如今的双水党校，办学条件已经和过去完全不同，有校史展览室，还有实战情景室等功能室。除了培训本地学员，它还承担着各地各领域党员干部的培训工作。它也引起了全国的关注，《人民日报》对双水党校进行了深度报道。双水党校还在不断地自我完善和发展，有了更高追求，将未来定位为辐射广东、影响华南的农村党员教育培训基地。在拍摄过程中，一批又一批的各地党员来到这里，我们捕捉到他们参观时凝视的目光、聆听讲解时若有所思的神态、交流时那种表达的欲望，这些就是双水党校作为基层党校发挥特殊作用的最好证明。

双水党校的发展过程，就是一部基层党员坚守和奋斗的历史。通过一代又一代人的努力，党校发展到今天。我能参与摄制《一所乡镇党校的坚守和传承》纪实片，也是一份光荣和幸运。通过这次工作，我也受到了很大的教育和启发，仿佛成为双水党员的学员一样。我相信，它会取得更多的进步，不断传承发展下去。

本文作者是江门日报记者

双水党校培育我成长为一名党代表

林启安

从企业到村干部，再到村党组织书记，10余年间，我每年都参加双水党校的学习培训，也见证了双水党校的砥砺奋进。

锤炼党性修养　立志为民服务

2006年，我加入中国共产党。那时的我，正经营着一家家具厂，如何找准企业发展方向、提高企业生产效率是当时困扰我的一大难题。作为党员的我，参加了双水党校每年举办的党员轮训。除了党性教育课程外，我还报名参加了专业类课程，学习了有关中小企业成长工程的政策。对政策的进一步明晰，也让我更好地为家具厂的经营争取到多方面的政策优惠和支持。自此，我常常主动参加双水党校的学习交流活动，在一场场党性理论、产业发展、普法宣传等课程中，我的党性修养和综合素质在不知不觉中得到了升华，也开始关注起乡村发展、人居环境和家乡建设。2008年，在村党组织的引领下，我决心投身农村建设，进入村委会工作，由此开始了我在楼墩村10多年的工作岁月，将我在双水党校所学所获转化为改善农村面貌、

双水党校举办党员大轮训，学习贯彻党的二十大精神

提升农村经济的指南针。

党校赋能充电　开拓乡村发展思路

进入楼墩村工作后，首先面临的问题便是如何推动党的农村政策落地落细。对于强农惠农等一系列关系到村民切身利益的政策，如何把握重点、理解透彻显得十分关键，因此，在双水党校每年发放的办学需求问卷中，我把这个问题和需求提了出来。双水党校当年马上把党的农村政策解读纳入课程，聘请领导专家学者和先进村党组织书记、致富能手前来为我们进行最新的政策解读和经验分享，并共同探讨问题和难题。这些课程都是非常实际、非常有用的，对我们开展乡村工作起到了很好的指引作用。

2014 年村级换届，我当选楼墩村党支部书记，扛起了建强村党组织、改善村居环境、壮大村集体经济、保障民生福祉的发展大旗，同时也肩负起脱贫攻坚、征地拆迁、乡村振兴等破难奋进的重担。在一次征地工作中，面对征地拆迁对象抵触情绪大、不配合工作的难题，当时大家都束手无策，导致工作无法继续推进。刚好双水党校开设了“征地中敲不开的门”这一农村工作现实场景课程，我们在分组讨论中提出实际问题后，通过换位思考、小组讨论、专家点评等一系列“头脑风暴”，最终开拓思路，找到突破口，顺利推进了工作。

在双水党校的引导下，我决心发挥“领头雁”作用，以己之学授之于人，坚持开展书记讲党课，加强楼墩村党员队伍建设。作为村党组织书记，我深入到户听民意察民情，制定楼墩村经济、社会发展五年规划，带领楼墩村建设“两轴多极点”发展的格局，并多方筹资开展楼墩村人居环境整治，制定特困家庭专人定期联系机制等，得到了上级党委和村民的一致认可。2021年，我荣获“江门市优秀党务工作者”称号，并当选江门市第十四次党代会代表，也更加坚定了我在农村一线抓党建促乡村振兴的决心与信念。

党的二十大召开以来，双水党校开展了党的二十大精神专题党员轮训。通过不断学习，我对接下来如何学习贯彻落实好党的二十大精神，对新时代抓党建促乡村振兴、党建引领基层治理有了更清晰的方向，将进一步推动楼墩村各项工作更好更快发展，为新时代农村建设贡献力量！

本文作者是江门市第十四次党代会代表、双水镇楼墩村党支部书记

求是路上

——一所乡镇党校的六十多年坚守

陈　切

当岁月转动不息的年轮
当太阳燃点生命的火焰
当江河迸发击浪的声响
我们从银洲湖乘风而来
沿着泷水春色如染的路线
沿着小鸟成群结队的飞翔
沿着九曲桥醇烈的想象
把你寻找　把你眷恋

上世纪五十年代
那个热火朝天沸腾的夏天
周总理穿着朴素短袖衣
微笑着向群众走来

简陋大礼堂回荡的声音
像一盏光明的灯火
把新会的庄稼和工地照亮
经过九个月的孕育
经过白昼和夜晚的探索
是你把一九五八年的作文
开始写成一本奋斗的书

我们必须以美的方式接纳
那些艰辛而令人感动的岁月
一间课室在荒山野岭间
毫不起眼　但挺直了腰板
几处竹寮在寒夜孤星中
微不足道　但壮大了臂膀
他们还在杂草丛生的林地
开辟出通往党校的路径
这些场景以火一般的热情
扬花灌浆　并通过光合作用
谦逊地把自己对土地的热爱
贮存在坚定的脚步

我们也为劳动的日子感动
他们把党的最新理论
写成了生动的党课
他们把优秀党员的故事
编排成传诵的民谣
让我们惊奇地发现

他们也是能工和巧匠
用汗水和触摸的光
塑造一个个美丽的瓷罐
让柔软的泥和土
拥有坚硬的灵魂

这是锤炼　这是心的磁场
房屋砌起的砖和土坯
也抵不过风雨的侵蚀
于是他们缩衣节食
从家里搬来桌和椅
肩挑着瓦当和壶盖
顶着风顶着雨手攥着
这份爱的闪烁不息
以绕指之柔　擎举之力
让一座两层大楼拔地而起
掀起了大班教学的热潮

我们在厚重的校史馆
看到对美好生活的向往
我们在初心大讲堂
看到当初的模样和思量
我们在使命研习社
看到党建蓬勃的力量
实践课堂的铺展和延伸
总有学与思挥洒的笔痕
党建长廊如火如荼的景象

让季节的每一个细节耀眼
从层层公寓到成荫的绿树
勾勒出时光的期盼和弧度
一批批学员的铮铮誓言
都灌溉着汗水和阳光
将一所乡镇党校的诗篇
书写成奔跑的梦想
将新征程的号角吹响

雄鹰有了翅膀而尽情翱翔
道路有了方向而无限延长
学思想　伟力在胸口激荡
强党性　星火在井冈飘扬
重实践　花瓣在侨乡绽放
建新功　信仰在前方召唤
在中国式现代化的大道上
我们迈着铿锵有力的步伐
扛起新时代的责任担当
汇集人民群众的力量
不忘初心继续前行！

本文作者是中共江门市委组织部党员教育服务中心副主任

第三部分

媒体关注

一所乡镇党校的六十年坚守

贺林平

在广东省新会区，一所乡镇党校60年六易校址却办学不间断，坚持做好基层党员教育培训。

近日，记者走进这所党校，感受其60年不忘初心、不懈奋斗的历程。

六十年一甲子，双水镇党员群众齐心协力，做到了一件不简单的事——连续不间断办好一所镇级党校。

双水镇隶属广东江门新会区。在江门人的母亲河潭江和主干道双水大道交界处，坐落着一栋小巧精致的四层

人民日报 2019年6月11日 星期二 19 党建

深度关注

广东省江门市新会区双水镇党校60年来坚持教育培训党员不间断

一所乡镇党校的六十年坚守

核心阅读

在广东省新会区，一所乡镇党校60年六易校址却办学不间断，坚持做好基层党员教育培训。近日，记者走进这所党校，感受其60年不忘初心、不懈奋斗的历程。

上午学习，下午劳动

六易校址，办学不断

线上教育，一键听课

红船观澜

堵住"精致走账"的暗门

党史一叶

用党证给儿女立规矩

上海宝山区信访办

建立党小组 实地解民忧

《人民日报》2019年6月11日19版面

小楼，这是双水镇委党校最新的样子。从1959年双水公社管理委员会党校成立，它六易其址，却始终未中断办学。

5月13日，又一堂“领头雁”专项培训班在双水镇委党校开班。“乡村振兴、农村产业集约式发展怎么搞，过去一知半解，现在有数了。”听完课走出教室，田心村党支部书记、村委会主任林源杰心里踏实了许多，“把党校办到基层党员的家门口，结合基层实际，用大家喜闻乐见的形式来宣传党的方针政策非常必要，也非常有意义。”

“党教育我们不忘初心，老一辈党员干部坚持60年办好镇级党校，不就是身边不忘初心的生动典型吗？”江门市委常委、组织部部长、市委党校校长张元醒告诉记者，2018年，全市所有73个镇街党校全部开班运作，双水镇委党校还被定为“江门市农村党员教育培训基地”。

六易校址，办学不断

今年3月，新会区一位曾在双水镇党校接受轮训的干部重返故地。在刚刚完成升级改造的小楼里，他从挂在墙上的历届学员合影中，一眼就找到了自己的父亲和爷爷。像他一样祖孙三代党员先后在同一所镇级党校学习的佳话，在双水并不鲜见。

1959年，双水镇委党校的前身——双水公社管理委员会党校正式挂牌成立，选址于双水圩第一街的旧公社社址内。当时的主要任务是配合上级的中心工作，对全镇各级党组织的党员、干部进行培训。

党校成立后，成为双水镇培养农村党员和基层干部的重要阵地。“那时候去党校上课，对党员来说是莫大的荣誉，无论谁去参加培训，都会感觉非常自豪。”曾任第七任镇党校校长的谭群可今年已经70多岁了，对这所党校的过去岁月记忆犹新：在党校培训时，学员多是步行来、步行走，学习期间还需要交伙食费，这非但没有减少他们学习的热情，来参加培训的人反而越来越多，以至于一年后，公社场地不足，党校不得不开始了第一次搬迁，来到了距离镇中心 10 多公里的将军山大圣庙旁。“当时连路都没有，学员们硬是在杂草丛生的林地里，踏出了一条通往党校的路。”谭群可说。

在双水镇委党校三楼的陈列区，记者见到一辆锈迹斑斑的永久牌自行车。双水镇党委副书记、党校常务副校长梁志成告诉记者，1966 年，时年 23 岁的张桂兰作为入党积极分子，被安排到党校学习。由于党校离她家有 10 多公里，步行需要两个多小时，加上还要照顾两岁的儿子，张桂兰索性把家里的牛犊卖了，买了这辆自行车。2016 年，张桂兰去世后，她的儿子把这辆有着特殊意义的自行车捐给了双水镇委党校。

像张桂兰一样，当年一代一代的农村党员对学习的渴望，勾勒出双水镇党校茁壮成长的脉络。党校直到 2004 年迁到现校址，其间经历了 6 次搬迁。

上午学习，下午劳动

20 世纪六七十年代，全国很多党校已无法正常上课甚至中断办学，双水镇党校先后搬到双水会堂、龙母庙。

搬迁再苦，咬咬牙也就挺过去了，可上级党校办学也断断续续，接收方针政策的信息渠道不畅，如何授课成了难题。有好几年，时任校长陈兆明与教员们一起，收集双水镇党员的先进事迹、干部的廉政故事等，结合能接收到的党的方针政策，与宣传队合编双水民谣，用和楼歌、东风调、曾坑山歌、卖鸡调和竹板小调等本地曲调，广泛宣传党的政策和党员先锋模范作用。当地一些老党员回忆，能挺过那些年的难关，离不开党校为大家撑起的精神支柱。

“这种教学方式受到了学员们的热烈欢迎，在课间、晚上休息时，党校里处处是歌声。那时候，我们教员课间休息就和学员们一起唱歌，没几首拿手的双水民谣可不行。”谭群可说。

之后，双水镇委党校复迁大圣庙办学。由于那里破败陈旧，条件有限，加上党员人数众多，党校一度考虑停止轮训，每期只办 30 人左右的“小班”。

可征求意见时，各村的党员干部却不答应：“这么多年都过来了，这么点经济上的困难都不能克服吗？”“不就是场地嘛，咱们有钱出钱，有力出力，自力更生，丰衣足食！”

在党员干部带动下，很多群众也参与进来，手提肩扛，齐心协力，硬是在 1980 年建成了一座两层高的教学楼：一楼是一间能容纳 130 人的大型教室，二楼则是宿舍。

尽管如此，办学条件依然艰苦，党校在山上，不仅经常停电，还有蛇鼠虫蚁的袭扰。当时在大圣庙下方的平地处，还有一个占地 3 亩多的小农场，教员、学员一齐动手种瓜菜、种水稻，作为党校的伙食补充。学员来上课，每人都要随身携带锄头，上午学习，下午劳动。

线上教育，一键听课

时光荏苒。搬到现地址后的双水镇委党校不忘初心，再担重任。经过今年 3 月份的升级改造，党校的学习氛围更浓了。

记者在党校看到，多媒体会议室、使命研习社、学习室、宿舍和党员活动中心等一应俱全，目前已形成集党员轮训、专题学习、技能传授、拓展训练、就业指导、岗前培训于一体的综合式教学体系，近三年来，开设特色课程共计 421 场（次）。

双水是新会的大镇，全镇 37 个村有 88 个基层党组织，党员 4780 人。为适应年轻党员需求，党校在“双水发布”微信公众号上开设“线上党校”栏目，帮党员学习习近平新时代中国特色社会主义思想。“学员一键就可点粤语音频，让党员群众听得懂、能领会、可落实。”双水镇党委书记、党校校长刘国培说。

而登上党校三楼的那一刻，记者又仿佛穿越时空隧道回到了 40 多年前。红砖地、水粉墙的大讲堂，挂在走廊上的斗笠、农具和用旧门板搭设的厕所门，以及 1977 年至 1980 年的学员合照、发黄的教员手稿等，无不让人感觉又回到了那个年代，令人激情澎湃。“在党校培训的过程中，感觉自己心灵得到净化，精神得到升华。”南岸村村委会主任助理莫素浈十分感慨。

目前，除党政领导干部、专家学者外，致富能手、专业技师和“土专家”“田秀才”等43人也被纳入双水镇委党校的师资库。富美村有3000多亩柑橘田，村党委委员张社深今年1月参加了“柑橘黄化病防治”培训后，将学到的知识教给柑橘种植户，柑橘黄化病蔓延的势头得到遏制，预计今年每亩柑橘的产量能够从5000多斤增加到8000多斤。

“作为江门市农村党员教育培训基地，双水党校除了课堂教学之外，还统筹全市的优质资源，精心设计了基层党建、红色教育、乡村振兴等多条现场教学路线。”江门市委组织部副部长张学东介绍说。

如今，广东省各地乡镇党校纷纷涌现。广东省委组织部、省委党校联合印发的《关于进一步加强镇街党校建设的意见》提出，把镇街党校办成集基层各类党员教育资源于一体的高质量教学平台。

“党校姓党，为农村培养合格党员就是双水党校办校的初心和使命。双水党校能够一路坚持下来，离不开党委的重视支持和一代代教职工的接续奋斗，党校真正办出了特色、办出了成效，培养了党员、服务了党员，得到了大家的拥护。双水党校60年的坚守也为我们在新时代办好镇级党校、加强基层组织建设提供了宝贵的精神财富。”江门市委有关负责人说。

《人民日报》2019年6月11日

普通党员进党校

詹奕嘉　李自良　王长山　字　强

钨丝灯、木桌椅、旧黑板、生出铁锈的早年牌匾、泛黄的教员手稿……已有 60 年历史的广东省江门市新会区双水镇委党校，重修“红色教室”，安装上多媒体现代化设备，来此培训学习的基层党员络绎不绝。

在地处中缅边境的云南省西双版纳傣族自治州景洪市勐龙镇曼伞村的村委会活动室内，镇党委书记黄晟问正在开会的村党支部党员：能唱入党誓词歌《我宣誓》吗？ 10 余名党员站成一排，高声歌唱：“我志愿加入中国共产党……”歌声嘹亮，感情充沛。

这是《瞭望》新闻周刊记者近期在广东、云南等地采访中见到的两个场景。据了解，针对普通党员培训少、缺乏针对性、缺乏培训场所等问题，广东推进镇街党校建设、云南全面实施“万名党员进党校”工程，打通基层党员培训“最后一公里”。

党校办到基层第一线

记者发现，不少地区党校只建到县区一级，培训对象主要为副科级以上

普通党员进党校

为解决市县党校覆盖面有限、基层党员教育培训范围较窄等问题，多地积极推进镇街党校建设，探索实施“万名党员进党校”工程

《瞭望》新闻周刊2019年12月7日版面

党员领导干部，广大基层党员干部很难有机会参加系统的学习培训。

“入党以来，我在村里参加过几次培训，但主要是生产技能培训。像这样正正规规地参加党校培训，这还是第一次。”参加镇党校的脱产培训后，云南昭通市鲁甸县龙头山镇龙泉社区党员田壮美很是感慨。

云南省委组织部副部长李勇毅介绍，为解决市县党校覆盖面有限、基层党员教育培训范围较窄等问题，云南从2017年底以来实施“万名党员进党校”工程，加强基层党校建设。目前，全省1425个乡镇（街道）党校已全部挂牌运行。

广东把镇街党校办成党委领导下开展党员教育培训的主阵地。不过，镇街党委政府没有大兴土木新建教学楼，而是采用主场地+分教点的方式，“就地取材”解决办党校的硬件问题。

记者在广东佛山、江门、阳江等地市采访发现，镇街党委政府利用现有的党群服务中心、文化中心等场地资源，“一室多用”解决教育主场地问题。主场地外还有分教点。许多镇街党校注重挖掘本地红色资源和特色资源，组织基层党员现场参观教学。

“既可在《刑场上的婚礼》主人公周文雍烈士陵园中汲取信仰的力量，也可在全国先进基层党组织北门社区体会服务群众的理念，还可到陈皮村实地了解小小陈皮带动70亿元产值的奥秘。”江门市委组织部副部长张学东说起当地分教点如数家珍。

针对镇街党员人数多、居住分散、流动性大等特点，广东各地镇街党校开设“流动课堂”，以送课下基层等形式，把党校课堂延伸到田间地头、渔船码头、工厂车间、街区院落等。汕尾市委组织部部务委员蔡燕群介绍，国庆节期间该市各镇街党校共举办培训176场次，全市返乡党员8524人中有8313人参加，参训率高达97.52%。

在少数民族聚居地区，云南的党校培训运用双语教学，通过少数民族语言讲解、印发少数民族文字教材等方式，让培训课程更接地气。在保山市，当地抓住春节流动党员集中返乡的时机，对流动党员开展全覆盖培训。

“这辈子我是第一次进党校学习。人退休了思想不能退休，政治不能褪色。”刚刚参加完党校培训的昆明市嵩明县杨林供销有限公司离退休党员段兴义说，他今年87岁，党龄已有39年。

人财课难题迎刃而解

怎么建、上啥课、谁来教……针对这些现实难题，广东省市县三级给予镇街强力支持，在短短一年多时间内就实现了镇街党校全覆盖。

“各地普遍将镇街党校工作，纳入县区、镇街党委书记抓基层党建述职评议考核内容。”广东省委组织部相关负责人介绍说，各地均建立了由镇街党委书记任校长、镇街组织办负责日常工作的管理运行机制，并将镇街党校教育培训经费纳入市县镇三级财政预算，解决了镇街党校谁来建、谁来管、谁来运作的问题。

基层党员年龄结构、文化程度各式各样，各地情况又不尽相同，如何对接党员群众多元化学习需求？

记者在广东多个镇街党校教室门口张贴的年度培训计划上看到，党校课程涵盖党建工作、党内法规、粤港澳大湾区建设等内容，其中习近平新时代中国特色社会主义思想在不同专题中都居于首要位置。

在突出政治特色前提下，云南围绕抓党建促脱贫攻坚、扫黑除恶专项斗争等重点工作以及基础党务知识，按照党员缺什么补什么、弱什么强什么的原则安排选修课。

有了课程，师资力量如何保障？记者从广东多地镇街党校张贴在教室外的师资表发现，与市县党校有固定编制的教师不同，镇街党校师资多元，既有市县党校教师、高校专家学者，也有当地优秀党员干部、从市县党校临时聘请的老师、各行业的先进人物乃至“土专家”“田秀才”等。

云南注重整合培训资源，组织小分队、宣讲队开展“送学上门”活动，满足偏远地区党员、流动党员、老党员在家门口的学习需求，并开展“百名讲师上讲台”“千堂党课进基层”活动。

“以前上党校是逼着来，现在是抢着来，老师讲的内容吸引人。”佛山市一家民营企业的“80 后”党员徐健说。

为发展注入红色新动能

鲁银华是云南省楚雄彝族自治州姚安县光禄镇梯子村的建档立卡贫困户，也是一名党员。2018 年参加了党课培训后，他通过种植玫瑰花，于 2018 年 10 月脱了贫。“党课培训让我意识到作为一名党员，在脱贫攻坚路上必须走在前面。”他说。

截至目前，云南各地各单位已累计开展培训 3.44 万余期，培训党员 303 万余人次，实现全省党员进县级以上党校教育培训全覆盖。

“作为最基层一级的党校，镇街党校补齐了基层党员、干部学习教育的载体短板，打通了基层党员、干部教育培训的最后一公里。”广东省委党校行政学教研部副主任陈晓运认为。

广东省委组织部提供的数据显示，一年多来，各地镇街党校共组织开展各类学习培训36.7万场次，培训基层党员、干部342.6万人次。

多位受访党员表示，镇街党校、基层党员进党校工程在提升党员党性认识、加强队伍建设、加速事业发展等方面初显“一箭三雕”的成效。

一是增强党员身份意识和责任意识的主阵地。“每次对着党旗宣誓，我心里总是升腾起强烈的光荣感、神圣感和使命感。”云南昆明富民县大学生村官杨崇婧说。

二是培育选拔基层组织青年骨干的人才池。广东佛山市丹灶镇党委委员梁耀智告诉记者，镇党校专门开设“青年党员先锋营”课程，已培训村居青年党员3682人次，推动17名青年党员进入村居“两委”班子、54名预备党员转正，为村居党组织发掘了236名青年党员骨干人才。

三是镇街经济社会事业发展助推器。双水镇田心村90后村支书林源杰告诉记者，村民通过镇街党校学习和在陈皮村等分教点参观，对发展乡村旅游、特色餐饮等第三产业有了更多了解。如今村里搞起牛肉节，村民收入不断增长，村集体收入多了两三倍。

未来，镇街党校还可能成为总结推广基层探索经验的思想库。广东部分地区镇街党校正引进研究团队，对基层党建、社会治理、乡村振兴等基层探索开展经验总结和理论研究，为其他地区经济社会发展提供借鉴。

《瞭望》新闻周刊 2019 年 12 月 7 日

独立办学 59 年：双水镇委党校的光荣与使命

陈健鹏

双水镇委党校是江门市成立最早的镇级党校，也是江门新会区目前唯一一所独立办学的镇级党校。一座乡镇党校，何以能独立办学 59 年？

“那时候去党校上课，对党员来说是莫大的荣誉，无论谁去参加培训，都会感觉非常自豪。”回忆起双水镇委党校当年的点点滴滴，70 多岁的老人、双水镇委党校第七任校长谭群可不禁眉飞色舞。说到动情处，他甚至给《南方》杂志记者唱起了当年流传在党校里的一首首歌谣。

独立办学59年：双水镇委党校的光荣与使命

双水党校是江门市成立最早的镇级党校，也是江门新会区目前唯一一所独立办学的镇级党校。一座乡镇党校，何以能独立办学59年？

《南方》杂志 2018 年 7 月 14 日版面

从 1959 年挂牌成立至今，双水镇委党校已走过了 59 年历程。双水镇委党校是江门市成立最早的镇级党校，也是江门新会区目前唯一一所独立办学的镇级党校。一座乡镇党校，何以能独立办学 59 年？在采访过程中，“双水精神”是被提及最多的一个词语。双水镇党委书记、党校校长刘国培说，双水精神可以总结为 12 个字，即“求真务实、敢为人先、锲而不舍”。

破除“老虎洞”谣言，树立党员威信

1958 年，新会成立了新会县人民公社委员会党校。上级党组织为加强党员教育培训，于 1959 年在双水镇成立了双水公社管理委员会党校，校址选在双水圩第一街的旧公社社址内，党校第一任校长由当时的双水公社管理委员会副书记兼任。

“当时的主要任务是配合上级的中心工作，对全镇各级党组织的中共党员、干部进行培训。”谭群可向《南方》杂志记者回忆道。

资料显示，党校成立初期，每期党员培训班时间为 3 天，后来改为每期学习 3—5 天，入党积极分子（当年称纳新对象）则培训 2 天。学习内容主要是毛泽东思想、三面红旗、人民公社六十条等。成立初期恰逢三年经济困难时期，在党校培训时，学员多是步行来、步行走，学习期间还需要交伙食费。党校成立一年后，由于培训的学员人数较多，而公社场地不足，双水镇委党校第一次搬迁，从原址搬到了将军山大圣庙旁边。

谭群可回忆，将军山大圣庙离镇中心有 10 多公里路程，当时连路都没有，学员们硬是在杂草丛生的林地里，开辟出了一条通往党校的道路。为方便培训，党校把大圣庙当作教室、办公室、宿舍用，还在旁边搭建一些竹寮、板房，建成简易的食堂、冲凉房和厕所。

在大圣庙办学期间，还流传着老虎洞的趣事。当时在大圣庙办学，教室后方是一大片林地，传说有一处为老虎洞，有学员们半夜睡觉时，还听见了老虎声，非常害怕。为保障学员的安全，教员们拿着手电筒，带上棍棒上山查看，结果发现老虎洞里没有老虎。

谣言的破除，增强了教员在学员中、党员在群众心中的威望，令学员们学习热情高涨。谭群可说，在当时虽然得走上半天的路程，但能够去党校培训，是一件非常光荣的事情。党校培训出的学员在生产劳动中处处起带头模范作用，带领群众克服了粮食短缺的困境，第一次在群众中树立起了“双水党员”品牌。

用“双水民谣”教党的方针政策

1967 年至 1977 年期间，受到中苏交恶、“文化大革命”和党员人数激增的影响，党校又历经了两次搬迁，分别迁到了双水会堂和龙母庙。

1967 年，双水公社毛泽东思想宣传队在双水会堂成立，并随双水镇委党校搬迁到了龙母庙。宣传队在龙母庙办公、排练，晚上下乡演出，也与双水镇委党校有了更多的互动。在龙母庙期间，每期党课一般为 5 天，授课对象主要是党员。另外，还举办了一些农业技术、民兵营长、治保主任、共青团干部等专业学习课程。

为确保党的路线方针政策迅速落实到一线，时任校长温耀全与教员们一起，收集双水镇党员的先进事迹、双水干部廉政作风等，与宣传队合编双水民谣，用和楼歌、东风调、曾坑山歌、卖鸡调和竹板小调等本地曲调，让党的政策和党员先锋模范的故事在双水广为流传。

其中，《双水党员赞歌》最为流行。这首歌谣从双水镇委党校曾经的校址大圣庙唱起：“双水有个孙悟空，插秧能手林叶基……”据介绍，当年，双水镇委党校每年协作制作歌曲达 20 首以上。

这种教学方式，受到了学员们的热烈欢迎。在课间、晚上休息时，双水镇委党校里处处是歌声。“那时候，我们教员课间休息就和学员们一起唱歌，没几首拿手的双水民谣可不行。”谭群可说。

学员上课还带锄头劳动

1977 年，由于党员人数增加，场地不足，党校再次迁回了大圣庙，并在此扎根 17 年。从这一年开始，双水党校开始了全镇党员轮训。

一开始，每期培训班一般为 30 人左右的“小班”，每期学习班 7 天。因为大圣庙离镇中心较远，学员来上课不方便，各个支部党员干部自掏腰包，出钱出物，率领学员和群众对大圣庙进行了扩建，在大圣庙东面和东北面分别建起了一座高两层的楼房，用作党校的办公楼、教学楼及教职工宿舍。

从此，双水镇委党校开始 100 多人的“大班”上课，每期培训时间 2—5 天不等。每年，双水镇委党校还举办一些农业技术、民兵训练等短期培训班。

值得一提的是，当时在大圣庙下方的平地处，还有一个占地 3 亩多的小农场。在这个小农场里，学员和教员们初期种瓜菜，后期种水稻，作为党校伙食的补充。“我们当时的办学条件非常艰苦，党校在山上不仅经常停电，还有蛇虫鼠蚁。当时学员到大圣庙学习，每人都需要携带锄头参加劳动，劳动内容为平整道路、球场和小农场耕种等，上午学习，下午劳动。”谭群可说。

1994 年，双水镇委党校再次搬迁，搬迁地址正是党校最初成立时所在的旧公社社址，也即当时双水圩镇小学的所在地。2004 年，双水镇委党校第六次搬迁，这次搬进了由双水发电厂捐资兴建的大楼。新址楼高五层，占地面积约 4000 平方米，建筑面积达 1600 平方米。

新时代创新党校教学模式

2018 年，双水镇委党校经升级改造后，已成为集现代化多媒体会议室、初心大讲堂、使命研习社、红色广场教学场地、宿舍和党员活动中心于一体的大型综合性党校，并形成了集党员轮训、专题学习、技能传授、拓展训练、就业指导、岗前培训于一体的综合式教学体系。

刘国培介绍，今年以来，双水镇委党校注重教学创新，建立起了“全方位”培训体系。教员们沉下身去田间、车间一线现场教学，同时，党校还打造线上“指尖课堂”，运用多媒体手段推出“新时代讲习所”栏目。“因为很多老党员听不懂普通话，我们还因地制宜，发布了粤语音频‘微课堂’，用粤语录制了习近平新时代中国特色社会主义思想进行宣讲。”刘国培说。

全镇党员轮训制度保留了下来。据介绍，在过去三年，双水镇委党校为广大党员干部提供轮训、专题学习、拓展训练、就业指导、技能传授、岗前培训等特色课程共计346场（次）。

此外，双水镇委党校通过组建43人的基层讲师团，把先进典型人物、致富能手、专业技师和“土专家”“田秀才”等纳入师资库，并制定了“套餐式”培训课程，让学员通过“点餐”提高学习的实效性。

双水镇集美村党委委员张社深今年1月参加了“柑橘黄化病防治”的培训后感触颇深。他告诉《南方》杂志记者，集美村有3000多亩柑橘田，在培训上所教的内容，他回去之后教给了柑橘种植户，柑橘黄化病蔓延的势头马上被遏制住了，今年预计每亩柑橘的产量能够从5000多斤增加到8000多斤。

情景教学也是双水镇委党校近年来的特色教学方法之一。刘国培介绍，情景教学主要针对基层党组织容易碰到的问题，通过设计情景的方式，让基层党员干部亲身体会党费缴纳、三会一课等的规范化做法，从而让学员夯实党务干部的基本功。

双水镇委党校为何能独立办学59年不间断？“连续59年的教学活动，我们感受最深的是双水镇委党校求真务实的作风、敢为人先的勇气和锲而不舍的精神。我们将继续在激情燃烧的岁月中付出心血、砥砺前行、收获成果。”刘国培这样回答《南方》杂志记者的疑问。

《南方》杂志 2018年7月14日

解码双水镇委党校的“红色基因”

郑　琦

在江门市委十三届七次全会上，市委提出，要按照“五进五入”的要求，推动学习贯彻习近平总书记重要讲话精神向深里走、往实里抓。其中一点便是要突出农村阵地，总结推广新会区双水镇委党校建设经验，在全市建设“六有”镇（街）党校。

作为江门市成立最早的镇级党校，双水党校目前办学时间已超过 59 年。今年 4 月，江门启动全市镇（街）党校建设工作，双水镇委党校成为全市七个试点之一，并于 5 月完成升级改造。同月，新会区首个镇级讲习所在双水镇委党校揭牌成立。

双水党校有哪些办学特色？对江门加强基层党组织建设有何借鉴意义？带着上述命题，8 月 16 日，江门市加强基层党组织建设工作会议的部分与会人员前往该校进行了参观。

红色精神传承
深挖党校历史 重温峥嵘岁月

双水党校成立于1959年3月，原址位于原双水圩第一街的旧公社内，当时称为双水公社管理委员会党校，由公社管理委员会副书记廖光森兼任第一任校长。

59年间，党校曾历经六次搬迁。2004年，双水镇委党校落户双水圩振兴公园旁。新党校大楼高五层，建筑面积1600平方米，占地4000平方米。2018年5月，该校完成了升级改造，形成了集现代化多媒体会议室、初心大讲堂、使命研习社、红色广场教学场地、宿舍和党员活动中心于一体的大型综合性党校。

A II 02 江门观察 重点

解码双水镇委党校的“红色基因”

办学历史超过59年，是江门市成立最早的镇级党校

文明乡风润人心 村庄气质大不同

《南方日报》2018年8月21日版面

在进行升级改造的同时，双水党校也保留了不少旧日痕迹。在一楼校史展览室中，展览了办校初期党校牌匾上的“中共双水党校”六个铁字、1977年至1980年珍贵学员合照原件、校长教员老合照原件以及教员手稿原稿等69件展品。党校三楼亦按建校初期的样式进行还原。

“这些展品都和双水党校有着千丝万缕的联系。比如这辆自行车，它的背后就有一个十分感人的故事。”讲解员小亚娓娓道来，“1966年，时年23岁的张桂兰作为入党积极分子被安排到党校集中培训，然而党校距离她家有10多公里远，步行要两个半小时，而且还要带着两岁的儿子一起上课，非常不方便。为了到党校上课，张桂兰跟丈夫商量，决定卖了家里的小牛，买一辆自行车。在她离世后，家人将这辆意义非凡的自行车捐了出来，留作纪念。”

走进根据建校初期教室模样搭建起的初心大讲堂，仿佛穿越回到了过去。在昏黄的钨丝灯的映照下，旧式的木桌木椅静静散发着历史的气息，讲堂内的柜子里还陈列着老教员、老党员曾经使用过的物品、授课书籍及剪报。

“讲堂可容纳50人，为老党员讲党课、讲党史、讲校史，入党积极分子、预备党员上课和举办传承红色基因讲座等提供场所。”双水镇党委委员、双水镇委党校副校长梁志成说，“通过深挖59年党校历史，我们希望营造艰苦奋斗的氛围，让老党员重温峥嵘岁月、不忘初心，也让新党员忆苦思甜、牢记使命。”

阵地建设升级
打造实用型培训阵地

走进双水圩振兴公园，由21条柱子组成的核心柱群尤其引人注目。中间头顶党徽的红色柱子被20根黄柱簇拥着，寓意“中国共产党是中国特色社会主义事业的领导核心”；柱子上刻有“社会主义核心价值观”的基本内容，形象地表明社会主义核心价值观在基层扎根落地。

梁志成告诉笔者，这是2004年建设党校办公楼的时候留下的管桩，主旨是纪念党的诞生，铭记党的奋斗历程。“我们还在公园四周摆放了江门市委组织部打造的组工干部卡通形象‘红枣’‘青枣’，还摆放了巨型党徽、‘实事求是’石碑等。”

振兴公园不仅是市民群众活动的场所，还是党员干部户外实践拓展的场地。“进门就是培训课堂，出门就是实践基地。像‘红黄实践圈’中的沙池，就是党员干部进行实践拓展活动的场地。”梁志成说。

2018年，双水镇委党校进一步升级改造，打造集现代化多媒体会议室、初心大讲堂、使命研习社、红色广场教学场地、宿舍和党员活动中心于一体的大型综合性党校。

阵地建设升级，意味着党校的教学载体更加强大，开展各类教学活动更加方便了。在此基础上，双水党校结合“党校、红色分教点、现场教学点”，不断拓展教学场地。其中，使命研习社采取研讨的方式，组织党员对学思践悟十九大、党建引领基层发展等内容展开研讨，推动党建和双水镇经济社会的发展。三年来，该党校共为广大党员干部提供轮训、专题学习、拓展训练、就业指导、技能传授、岗前培训等特色课程共计346场（次）。

深挖红色资源，传承红色基因，设置红色分教点，也是双水党校不断拓展教学场地的一大创新举措。梁志成介绍：“我们盘活双水镇上凌村革命老区、仓前村革命老区等资源，把上凌村武工队旧址、基背村抗日烈士公园等5处作为分教点，以双水镇武工队的革命历程、双水镇中共地下党员的贡献为主线，让学员通过重温革命历史，铭记先烈事迹，感受红色力量。”

另外，双水党校还灵活选取现场教学点，推动教学工作与基层党员干部的本职工作相互结合。今年以来，该校共利用德育基地、村（社区）办公场所、农家书屋、田间地头、河道江堤等场所开展现场教学36次，通过个性化、本土化、通俗化的现场体验式教学，把党建融入中心工作中，有效解决工作上的实际问题，真正做到学做结合。

教学模式创新
线上线下建立“全方位”培训体系

今年1月，双水镇富美村党委委员张社深参加了双水党校组织的“柑橘黄化病防治”培训。“我们村有3000多亩柑橘田，学会培训上所教的内容后，我回去之后就教给了柑橘种植户，全村柑橘黄化病蔓延的势头马上被遏制住了，今年预计每亩柑橘的产量能够从5000多斤增加到8000多斤。”

作为新会区柑橘种植面积最大的镇，双水党校结合本土实际，在课程设置中加入柑橘种植、农业技术、农业产业化、新农村建设及现代农业等专题培训，提高培训的针对性和实效性。数据显示，今年以来，双水党校已为种植户提供柑橘种植、农业技术、农业产业化、现代农业及乡村振兴等“农业类”专题培训共计 34 场（次）。

此外，双水党校为增强教学创新，还建立起了“全方位”培训体系。其中，该校通过组建 43 人的基层讲师团，把先进典型人物、致富能手、专业技师和“土专家”“田秀才”等纳入师资库。教员们沉下身去田间、车间一线现场教学，并制定了“套餐式”培训课程，让学员通过“点餐”提高学习的实效性，不少像张社深这样的学员都对此赞不绝口。

双水党校还创新探索了集中式、自选式、研讨式“三式融合”的教学模式，构建更加开放、更富活力的教学格局，以多元化的教学形式激发基层党员干部参加教育培训的积极性和主动性。

以“自选式”学习为例，双水党校针对不同教学主体的特点，把理论学习和基层热点与小品践学、歌颂党恩、情景党课、实战学习、红色舞蹈等结合起来，让党的理论宣传“活”起来。

借助现代技术，双水党校还进一步把党课延伸到网络平台，打造线上“指尖课堂”。据梁志成介绍，该校分别在微信公众号平台“双水发布”和下属 39 个村（社区）的党务 e 平台上推出相关栏目。“考虑到很多老党员听不懂普通话，我们还因地制宜，发布了粤语音频‘微课堂’。”

《南方日报》2018 年 8 月 21 日

这所办学 60 年的镇级党校诠释了“传承与创新”

付 强

连续不间断独立办学 60 年，从 1977 年开始每年坚持对全镇党员开展轮训……在江门有一所完美诠释“传承”的基层党校——新会区双水镇委党校。多年以来，在众多镇街党校已无法正常运作甚至中断办学的情况下，它依然肩负着教育培训当地基层党员的重任。

2018 年 10 月 18 日，历经 60 年传承的党校全面升级，江门首个农村党员教育培训基地在双水镇委党校揭牌。与此同时，江门市深入学习习近平新时代中国特色社会主义思想“进农村 入农户”宣讲活动，拉开大幕。江门市委常委、组织部部长、党校校长张元醒出席活动。

这所办学60年的镇级党校诠释了“传承与创新”

南方杂志 2018-10-19

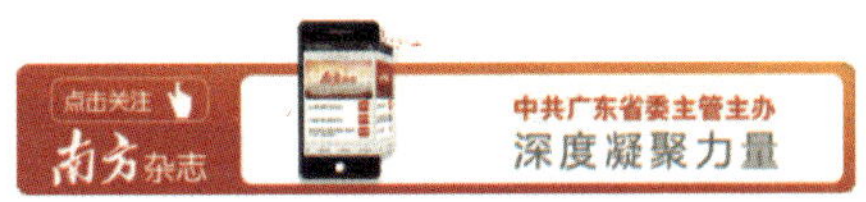

《南方》杂志全媒体记者 | 付强

连续不间断独立办学60年，从1977年开始每年坚持对全镇党员开展轮训……在江门有一所完美诠释“传承”的基层党校——新会区双水镇委党校。多年以来，在众多镇街党校已无法正常运作甚至中断办学的情况下，它依然肩负着教育培训当地基层党员的重任。

江门首个农村党员教育培训基地在双水镇委党校揭牌。（摄影：付强）

“南方杂志”微信公众号 2018 年 10 月 19 日页面

活动现场，江门市委组织部向全市1324位村（社区）党组织书记发出了一封号召信。信里号召大家“不忘初心、牢记使命，当好新时代答卷人”，信中写道：“全市村（社区）党组织书记，要主动担当、努力践行，推动党在农村、社区基层的组织覆盖和工作覆盖更加有效，党组织的领导核心作用更加坚强，政治引领更加突出，党员先锋模范作用发挥更加充分，党在基层的执政根基更加牢固。”

记者发现，挂牌背后是双水镇委党校的一次全面升级。江门市委组织部副部长张学东描绘了升级后的基地蓝图：打造全省乃至华南地区最好的农村基层党员培训基地。为此，从校史文化、教师师资、培训场地到培训内容、方式以及教育资源都做了继承与创新。未来的基地，不仅仅是在课堂上的学习，还会依托当地众多红色旅游资源，党建+产业，党建+服务的实践案例，为广大基层农村党员提供更多的体验式培训。

张学东说：“到江门，既可以瞻仰刑场上婚礼主人公周文雍烈士陵园，实地体验开平碉楼、了解抗日七壮士的义举……也可以考察党建促进乡村振兴、农业产业化发展。仅仅新会陈皮一项，我们产值就达到了70亿元，一二三产融合发展。”

此外，在当地，群众都知道有条党建服务社会、群众的“红色干线”。即北有北门社区党员群众服务街，南有民和社区党员群众服务街。两条党员群众服务街都建在城区最繁华、人流最多的路段，街上汇聚党员服务中心、义工服务中心、社会组织服务中心、家庭综合服务中心和利民康园中心等五大服务中心。这一现象在全国基层党建工作中，也是独一无二的。

双水镇党校是如何打通基层农村党员教育培训最后一公里呢？双水镇田心村党支部书记、村委会主任林源杰给出了自己的答案。“2009年，我宣誓入党，当时就是在双水镇委党校上的党课。自2014年担任村党支部书记以来，更频繁地来到党校上党课、参加培训。除了镇委、组织部门安排的学习、培训外，很多基层党员、普通农户也会主动来学习。”

林源杰说，党校这么受欢迎，最大原因就是培训方式“接地气”，培训内容多种多样，师资水平高，场地软硬件完善。记者在培训基地展示墙上看到，仅仅教师资源库，就分了政治理论类、社会管理类、先进模范类、经济发展类、技能素养类，每一种类又有多位老师，江门市委组织部副部长张学东就是这所镇级党校的老师之一。黑板上写着的培训课程有："新会柑种植机遇与挑战""农村党员如何加强联系群众""党建促进乡村振兴"……

"南方杂志"微信公众号 2018 年 10 月 19 日

广东江门市新会区双水镇办新时代乡镇党校：这里的学习接地气

陈　平

党的十九大以来，广东江门市新会区双水镇以习近平新时代中国特色社会主义思想为指导，多措并举办好双水镇委党校，有效发挥了乡镇党校教育培养农村党员的主阵地作用，凝聚起推动发展的强大力量。

突出政治功能，推进党的路线方针政策在农村落地生根。组织镇委党校宣讲队结合实际，深入到田间、车间一线进行宣讲，开设新时代讲习所的线上粤语“微课堂”，推动新思想入脑入心。把本地五个革命遗址遗迹设为红色分教点，通过现场实境教学，让学员进一步领会听党指挥、艰苦奋斗、不怕牺牲的红船铁军精神。创新“五有四突出三平台”教学模式，“五有”指有方案、有时效、有组织、有结合、有考核；“四突出”指突出党委先学、头雁深学、党员精学、村干细学；“三平台”指利用镇级党校平台、驻点直联平台和新媒体平台做好学习宣传工作。党的十九大以来，先后举办党性修养、理论基础等课程 217 场次，参与学习的基层党员干部 3400 余人。采取深入田间、车间一线的方式与群众面对面宣讲 213 场（次）。

突出农村实际，培养忠诚担当、敢想敢干的优秀党员干部和人才。围绕

中国组织人事报

基层党建 5

定制培养 专业提能

达州："五条意见"建强村干部队伍

切实提升组织力

广东江门市新会区双水镇办新时代乡镇党校

这里的学习接地气

敬老爱老传党恩

内蒙古包头：推行"三会一课"观察员制度

新疆察布查尔县压实党建责任，让基层干部——

愿抓了 会抓了

陕西宜川

"社区鉴定"促在职党员进社区

《中国组织人事报》2018 年 10 月 19 日版面

农村工作实际开设“党建类、农业类、经济类、专业类、群团类”五大套餐课程，各级党组织和党员干部可通过“点餐”方式进行学习，全面提升教育培训针对性。在每年党员大轮训的基础上进一步融合创新思路，开展党员干部“百日大练兵”培训，使教学内容更加集中、学员更加专注，进一步提升组织力。

突出党建引领社会治理，推动经济社会平稳发展。实施党组织书记“头雁”培训工程，通过区、镇两级书记讲党课等方式，带动村级党组织书记学深学透习近平新时代中国特色社会主义思想，提升引领发展的能力。组建农村讲师团解决基层突出问题，把该镇 40 多名致富能手、专业技师和“土专家”“田秀才”等纳入党校师资库，本着基层缺什么补什么的理念开展特色培训，比如，面向镇种植大户开展“新会柑种植”系列课程，让全镇新会柑单位面积年产量同比增加 9%，提高了党建引领乡村致富的能力；面向乡镇青年干部开展“基层应急应变”“增强基层复杂矛盾化解能力”系列课程，成功化解了 110 多宗村民矛盾纠纷，做到了“矛盾不上交”。

《中国组织人事报》2018 年 10 月 19 日

双水镇委党校：
薪火相传一甲子，坚守初心六十年

陈健鹏

一有空，老党员就会来党校看看，双水党校是一个让他们感到骄傲的名字。钨丝灯、木桌椅、黑板，曾经的教员们的授课书籍、笔记、剪报，静静地陈列在柜子里，似乎在对前来上课的党员们诉说着过去的光荣岁月。

走进江门市新会区双水镇委党校的初心大讲堂，仿佛一下子穿越回了过去。钨丝灯、木桌椅、黑板，曾经的教员们的授课书籍、笔记、剪报，静静地陈列在柜子里，似乎还在对前来上课的党员们诉说着过去的光荣岁月。

在一楼校史展览室中，《南方》杂志记者遇到了曾经的学员、现在已经86岁高龄的梁叔。一提起双水党校，梁叔就竖起大拇指。他说，一有空，他们这些老党员就会来党校看看，双水党校是一个让他们感到骄傲的名字。

也难怪双水镇的党员们这么自豪。一件事情，能坚持十年八年已经很了不起了，但双水党校，一直默默坚持开办了60年。60年来，双水党校历经六次迁址，曾经的很多事物已经物是人非，但不变的是双水党校的初心和使命。

白手起家，扛着锄头去上学

双水镇上凌村将军山，位于双水镇西南部，离镇中心有 10 多公里路程。现在，这里已经是一个旅游景点，宽阔的柏油马路两旁树木林立。多位双水镇老党员告诉《南方》杂志记者，这条路，就是当时来党校上学的学员和教员们开辟的，道路两旁的树木，也是党员们亲手所种。

1959 年，为加强党员教育培训，双水镇委党校的前身双水公社管理委员会党校成立，校址选在双水圩第一街的旧公社社址内。成立后，由于培训的学员人数较多、场地不足等客观原因，双水党校历经四次搬迁。1977 年，党校迁到将军山大圣庙，并在此扎根 17 年。

现在已经 82 岁的温耀全老人，是双水党校的第三任校长。他告诉《南方》杂志记者，当时选址在将军山，是因为这里特别清静，适合学员们静下心来学习。不过，当时将军山是一片荒山野岭，没有路，没有灯，没有课桌椅，

双水镇委党校：
薪火相传一甲子，坚守初心六十年

一有空，老党员就会来党校看看，双水党校是一个让他们感到骄傲的名字。钨丝灯、木桌椅、黑板，曾经的教员们的授课书籍、笔记、剪报，静静地陈列在柜子里，似乎在对前来上课的党员们诉说着过去的光荣岁月

《南方》杂志 2019 年 1 月 14 日版面

晚上睡觉还经常听到野兽的声音。

逢山开路，遇水架桥。当时，党校号召学员们扛着锄头上山，平整道路，同时在道路两旁栽树。经过几代学员的共同努力，在杂草丛生的林地里，一条通往党校的道路被开辟出来。

“当时真是‘白手起家’，但党员们有着战胜困难的昂扬斗志和必胜信念。没有课桌椅，我们就到处收集坏了的课桌椅子，自己修理。经济困难时期，我们就扛着锄头，在大圣庙下面的一块荒地里开辟出小农场，种水稻、种瓜果，作为食堂的粮食补充。”温耀全说。

多位老党员向《南方》杂志记者表示，当时能去党校上学，是一件非常光荣的事情。温耀全说，当时他作为校长，很多党员、入党积极分子都跑来找他，想去党校上课，但因为名额有限，每个来上课的人，上级党组织都要做一番考察。尽管如此，党员们上党校的热情依旧不减。

在双水党校现址的三楼，摆放着一辆自行车。双水镇党委委员、党校副校长梁志成告诉《南方》杂志记者，这其中还有一段有趣的故事。

1966 年，时年 23 岁的张桂兰作为入党积极分子被安排到党校集中培训，然而党校距离她家有 10 多公里远，步行要两个半小时，而且还要带着两岁的儿子一起上课，非常不方便。为了到党校上课，张桂兰跟丈夫商量，决定卖了家里的小牛，买一辆自行车方便上课。在她离世后，家人将这辆意义非凡的自行车捐了出来，留作纪念。

与时俱进，不断创新教学方法

为什么双水党校有这么大的魅力？温耀全告诉《南方》杂志记者，这首先要归功于上级党委创办党校的初心。

“我们党创办党校的初心就是教育宣扬党的理论与精神，保证每一名共产党人都成为合格党员。”温耀全说，不管在多么困难的时期，上级党委一直都保证双水党校有领导机构、有学习场地、有授课教师、有教学课程，这是双水党校能够一直坚持办下来的重要原因。

此外，在授课方面，双水党校一直坚持与时俱进，不断创新教学方法。在党校创办初期，党校除了传达党的方针政策外，针对不同领域的学员们，党校还举办一些农业技术、民兵营长、治保主任、共青团干部等专业学习课程。

为确保党的方针政策迅速落实到一线，温耀全与教员们一起，收集双水镇党员的先进事迹、双水干部廉政作风等，编成民谣，让党的政策和双水党员的先锋模范故事广为流传。

“比如当时我们有个党员，是个插秧能手，于是我们编了一首《双水党员赞歌》，来赞美他的先进事迹。”温耀全说。据介绍，当时，双水党校每年协作制作歌曲达 20 首以上。

双水党校第七任校长谭群可老人回忆，当时，学员们上午上课，下午劳动，课间休息，教员们就和学员们一起唱歌，校园里处处洋溢着欢声笑语。

1977 年，双水党校在党员和群众的支持下，在大圣庙附近扩建了新的教室和宿舍。正是从那一年起，双水党校开始了全镇党员大轮训，每年把全镇所有党员都轮训一遍，一直持续到今天。

那时正值改革开放前夕，双水镇上下都对党的政策有些疑虑。当时在双水党校担任教员的张北运说，十一届三中全会后，为了贯彻落实党中央把党和国家的工作重心转移到经济建设上来、实行改革开放的决策，双水党校组织当时的学员进行了真理标准问题大讨论，并号召党员们发挥先锋模范作用，带头致富。

“当时，在集美村，党支部书记带头进行大包干种柑橘，取得了很好的成效。我们就把他请到党校来，给大家讲课传授经验。除了致富能手，我们还邀请乡镇企业家、产业带头人等上课堂，为党员们答疑解惑。”张北运说。

在双水党员干部的带领下，双水镇的经济开始腾飞，一举成为江门地区首个工业产值超 100 亿元和财政一般预算收入超 1 亿元的非城关镇。张北运说，这与党员们在双水党校受到的培训和教育是分不开的。

线上线下结合，建立全方位培训体系

集美村党委委员张社深最近有点烦恼。集美村是双水镇传统的柑橘产业种植地，村里有3000多亩柑橘田。去年以来，柑橘田深受黄化病之苦。后来，他参加了双水党校的培训，学会培训上所教的内容后，张社深教给了柑橘种植户，全村柑橘黄化病蔓延的势头被遏制住了。

在大圣庙办学17年后，双水党校又历经两次搬迁，搬到了现址双水圩振兴公园旁的党校大楼，变成了一所大型综合性学校。

据介绍，去年以来，双水党校结合本土实际，建立起了全方位培训体系。双水党校通过组建43人的基层讲师团，把先进典型人物、致富能手、专业技师和“土专家”“田秀才”等纳入师资库。教员们沉下身去田间、车间一线现场教学，并制定了“套餐式”培训课程，让学员通过“点餐”提高学习的实效性，不少像张社深这样的学员都对此赞不绝口。

此外，党校还打造线上“指尖课堂”，推出“新时代讲习所”栏目。梁志成介绍，因为很多老党员听不懂普通话，双水党校因地制宜，发布了粤语音频“微课堂”，用粤语录制习近平新时代中国特色社会主义思想进行宣讲，受到了党员们的一致欢迎。

为什么双水党校能够60年屹立不倒？双水镇党委书记、党校校长刘国培表示，双水镇在长期的发展中形成了“求真务实、敢为人先、锲而不舍”的“双水精神”，这种精神推动了双水党校的发展，也激励着双水人砥砺前行。

《南方》杂志2019年1月14日

这所基层党校，被誉为“广东镇街党校的一面旗帜”

黄展明　许露露

1966 年，家住广东江门双水镇水库村的张桂兰 23 岁。作为一名入党积极分子，她被组织安排到镇委党校参加培训，接到通知的时候她激动极了，可怎么去上课却让她犯起了愁。从她的家到党校有 20 多里路，对于做惯了农活的张桂兰来说，走这点路不算什么，可是她两岁的儿子离不开她，为了能带着儿子一起去党校上课，张桂兰与丈夫反复商量，忍痛卖掉了家里的牛，买了一辆在当时极为奢侈的自行车。半个世纪以后，张桂兰的儿子张社得把这辆对他们母子来说意义非凡的自行车捐给了培养过他母亲的党校——双水镇委党校。

从 1959 年到 2019 年，悠悠一甲子，弹指一挥间。在这所不间断办学六十年、被誉为“广东镇街党校的一面旗帜”的党校里，这样温情感人的故事还有很多。

《中国共产党农村基层组织工作条例》要求，县、乡两级党委应当加强农村党员教育培训，建好用好乡镇党校，乡镇党委每年至少对全体党员分期分批集中培训 1 次。双水镇委党校的办学实践，对各地办好乡镇党校提供了理念、路径借鉴。就让我们一起走进这个不一般的红色阵地吧。

六十载六易其址初心不变

1959 年 3 月，双水镇委党校在位于双水圩第一街的旧公社社址内成立，是江门市成立最早的一所乡镇党校。

“当时基层深刻感受到，如果没有合格的党员干部，没有能起带头作用的人，那上级有再好的政策，都很难贯彻落实下来，所以要办党校。”第七任校长、70 多岁的谭群可老人说，为农村培养合格党员，是双水镇委党校坚持 60 年的“初心”。

党校成立初期，学员来上课多是步行，学习期间自己交伙食费。由于学员越来越多，一年后不得不进行了第一次搬迁，从逼仄的原址搬到了将军山大圣庙旁边。党校第三任校长温耀全回忆说：“将军山是一片荒山野岭，没有路，没有灯，晚上睡觉还能经常听到野兽的响动。”

乡村干部报

02 交流乐园

这所基层党校，被誉为广东“镇街党校一面旗帜”

——回望江门市双水镇委党校六十年办学历程

六十载六易其址初心不变

课程讲得透听得懂用得上

与时俱进彰显办学新特色

西林脱贫摘帽防返贫

陇县三级联审 为村干部“体检”

《乡村干部报》2019 年 11 月 22 日版面

1967 年至 1970 年期间，双水镇委党校又经历了两次搬迁，分别迁到了双水会堂和龙母庙。1977 年，党校再次迁回将军山大圣庙，从这一年开始全镇党员轮训，从 30 人左右的“小班”扩容到 100 多人的“大班”。1994 年和 2004 年，党校又经历了两次搬迁，现在五层楼高的双水镇委党校坐落在镇上的振兴公园旁，巨大的金色党徽，是小镇居民眼中最鲜明的地标。

60 年的办学之路历经风雨，是什么样的信念让双水党校克服重重困难坚持了下来？温耀全提到了“党委重视”这一关键因素。“党委不重视，党校绝对办不好。即使在 20 世纪最困难的时候，镇党委仍然十分重视党校工作，不仅把最优秀的知识青年请来当教员，而且经济再困难也会准时发放教学费用，这给了我们极大的信心和鼓舞。”温耀全说。

此外，党校上下同心、教员学员同心、党员群众同心也是党校不间断办学的秘诀。温耀全回忆说，20 世纪 80 年代前，几乎每一任校长都面临着食宿无法保证、教学设备不足、学员上课不便等诸多困难，但他们从未退缩。学员吃不饱饭，党校便向镇委申请了一块荒地，发动教员、学员们种粮种菜；设备不足又没钱买新的，教职工到处收集旧桌凳回来修理使用；交通不便，镇委大力支持，党员群众齐出力，修了一条直通党校的路。70 年代末期，众多镇街党校已无法正常运转甚至停办，双水镇委党校由于校舍太过陈旧，也一度考虑停止轮训，可征求意见时各村党员干部不答应：“这么多年都坚持下来了，这点困难难道不能克服吗？”“咱有钱出钱，有力出力！”在党员干部带动下，很多群众参与进来，手拉肩扛，齐心协力，在 1980 年建成了一座两层高的教学楼，解了燃眉之急。

课程讲得透听得懂用得上

一直以来，双水镇委党校在当地党员群众中极有口碑。温耀全自豪地说：“过去虽然条件艰苦，但学员们都为自己能在党校学习培训深感自豪，从不怕苦喊累。”党校培育出来的学员回到生产劳动中，不但把党的好声音及时带到田间地头，个个干起活来也都是一把好手。课程活、讲得透、听得懂，是双水镇委党校延续 60 年的办学特色。

“事实上，党校就是一个连接党委与群众的平台，我们将党的最新方针政策通过通俗易懂的方式教给党员，再让党员们回去传播给群众。”谭群可认为，这就是基层党校最有价值的办学模式。

20 世纪 60 年代，双水党校的教员将党的方针政策、双水镇党员干部的先进事迹等，编成双水民谣，用本地和楼歌、东风调、曾坑山歌、卖鸡调和竹板小调等传唱，通过学员口口相传，让党的好政策和模范党员的故事在田间地头广为流传。

此外，为了让党课更接地气，党校一直坚持要求教员们多下基层。“我记得当时的党校，办完一期就会休息十来天。这时候教员们就下乡调查总结，看看学员学习后有没有产生效果，并将典型材料带回来，在下一期培训中展示，这都是实实在在的‘活’教材，其他党员学习后也会在日常劳动生产中效仿。”谭群可说：“基层党校培训理论来理论去肯定是不行的，一定要鲜活实用。”

到了 1994 年，当时的校长张福然对双水党校的教学模式进行了改革和升级。“每期培训开班前，我们会组织教员们各定 2—3 个题材进行备课，准备好之后，由镇党委副书记召集镇里的组织委员、宣传委员来听我们试讲两次，并提出修改意见，修改后的课程更加生动有趣，也更容易受基层党员们的欢迎。”张福然回忆说。

就这样，双水镇委党校形式多样、内容丰富实在的党课 60 年来一直受到一代又一代基层党员干部的欢迎，在他们心中留下了深刻的印记，也成了这所党校一块闪亮的金字招牌。

与时俱进彰显办学新特色

去年以来，在江门市和新会区两级组织部门的大力支持下，双水镇委对党校进行了新一轮升级改造。如今的双水镇委党校建筑面积达 1600 平方米，成为集综合报告厅、会议室、研讨室、实战情景室、图书阅览室、红色舞蹈室、红色振兴公园于一体的现代化党校，能同时容纳 300 余人开展教育培训。

以往校舍里的钨丝灯、木桌椅、黑板，教员们的授课书籍、笔记、剪报……都展示在改造后的初心大讲堂里，激励着每一位前来培训的学员。

硬件条件与过去相比有了翻天覆地的变化，软件则在“接地气”的前提下与时俱进。现在，双水镇委党校对全镇4800多名党员进行全员大轮训，除了理论教学，还推出了线上五习+线下六讲、百日大练兵、情景党课、实战式学习、农村党员夜校等更多适应时代发展的教学新模式。“这些是我们通过基层调研、材料汇总、座谈征集等多种方式了解学员需求设置的，理念就是基层缺什么补什么。”双水镇党委副书记、镇委党校副校长梁志成说，比如面向种植大户开展“新会柑种植”系列课程，让全镇新会柑单位面积产量增长近一成；面向乡镇青年干部开展“基层应急应变、基层复杂矛盾化解能力”系列课程，成功化解多宗村民矛盾纠纷。

田心村原是新会区偏远的贫困村，村容村貌脏乱差，道路泥泞不堪。2014年，90后林源杰走马上任村支部书记，他坦言，刚当家时经验不足，心里有点“虚”，通过在党校学习，他迅速进入角色。“特别是案例教学，给了我很多启发，让我下定决心改善村容村貌，发展乡村游。”目前，村里建成了环村硬化路、两个村居公园、文化广场，村容村貌焕然一新，林源杰带着村里的党员干部用在党校学到的知识，策划了龙舟节、牛肉节、腊味文化节等大型活动，搞活了乡村旅游。“党校求真务实、锲而不舍的精神也鼓舞着我们党员干部不忘初心，为村民谋幸福、为村集体谋发展。”林源杰说。

如今，作为“广东镇街党校的一面旗帜”的双水镇委党校名闻遐迩，截至今年9月，已承接来自北京、浙江、黑龙江、山西等地的省外培训班18期，集中培训1319人次。江门市委常委、组织部部长张元醒表示，希望双水镇委党校传承和发扬奋斗精神，一步一个脚印，踏踏实实做好基层党建工作，成为辐射广东、影响华南的农村党员教育培训基地。

《乡村干部报》2019年11月22日

一所镇委党校的 60 年

叶小钟　张翠婷　陈　婧

在我国著名侨乡广东江门，有一所历经 60 年，办得生机勃勃的镇委党校。60 年间，双水镇党员群众齐心协力，一棒接一棒，连续不间断办好双水党校，传承传统，守正创新。

工人日报　政工视界　2019年12月6日　7

近两年，"中年危机"这个话题越来越热。然而，专家认为，中年也是开启人生新的可能性的时候。

"中年危机"，看见危机中的生机

志愿服务进社区

一所镇委党校的60年

北京高校总结推广思政课经验

天津市总机关增强党建学习针对性

主题教育学用结合出实效

《工人日报》2019 年 12 月 6 日版面

新会区塘河村下辖的天亭村原来经济困难，村容村貌落后。天亭党支部在村集体经济不断壮大的基础上，逐步改善村民的居住环境。修建荷花池、水中观光游步道、标准篮球场、羽毛球场，增设健身器材，村容村貌焕然一新，乡愁留住了，广大村民切身感受到了党组织的温暖……

天亭村巨变是双水党校组织党员学习后发挥积极作用的一个典型案例。

为适应年轻党员需求，党校在“双水发布”微信公众号上开设“线上党校”栏目，帮党员学习习近平新时代中国特色社会主义思想。“学员一键就可点粤语音频，让党员群众听得懂、能领会、可落实。”双水镇党委书记、党校校长刘国培说。

日前，一堂“领头雁”专项培训班在双水党校开班。“乡村振兴、农村产业集约式发展怎么搞，过去一知半解，现在有数了。”听完课走出教室，双水镇田心村党支部书记、村委会主任林源杰心里踏实了许多。“把党校办到基层党员的家门口，结合基层实际，用大家喜闻乐见的形式来宣传党的方针政策非常必要，也非常有意义。”

1959 年，双水公社管理委员会党校正式挂牌成立——这是双水镇培养农村党员和基层干部的重要阵地，是双水党校的前身，主要任务是配合上级的中心工作，对全镇各级党组织的党员、干部进行培训。

“那时候去党校上课，对党员来说是莫大的荣誉，无论谁去参加培训，都会感觉非常自豪。”曾任第七任双水党校校长的谭群可介绍，1966 年，时年 23 岁的张桂兰作为入党积极分子，被安排到党校学习。党校离她家有 10 多公里，步行需要两个多小时，加上还要照顾两岁的儿子，张桂兰把家里的牛犊卖了，买了辆自行车上学。

曾任双水党校校长的温耀全回忆，为确保党的方针政策迅速落实到一线，教员们收集党员的先进事迹、干部廉政作风和先进的生产经验等编成民谣，广为流传。当年，在课间或晚上休息时，双水党校里处处是歌声。温耀全至今仍能唱出一段当年的歌谣——“双水有个孙悟空，插秧能手林叶基……”

改革开放后，谭群可接任双水党校第七任校长。据他回忆，当时中央各种政策密集出台，要第一时间向党员干部传递贯彻，任务自然就落在了党校身上。“改革开放提出要让一部分人先富起来，如果党员没有这个思想境界，如何能带领群众致富呢？党员的素质提高了，才能更好地把党中央的方针政策贯彻下去。”为号召党员们发挥先锋模范作用，带头致富，党校邀请了党员中的致富能手以及乡镇企业家等来授课。先进经验普及开后，双水镇一举成为江门首个工业产值超100亿元和财政一般预算收入超1亿元的非县城镇。

今天，除党政领导干部、专家学者外，致富能手、专业技师和“土专家”“田秀才”等43人也被纳入双水党校的师资库。富美村有3000多亩柑橘田，村党委委员张社深今年1月参加了“柑橘黄化病防治”培训后，将学到的知识教给柑橘种植户，柑橘黄化病蔓延的势头得到遏制，预计今年每亩柑橘的产量能够从5000多斤增加到8000多斤。

今年五一后，党校和工会联合组织劳模宣讲团。江门市新会区总工会万春玲副主席告诉《工人日报》记者：“我们邀请吴芳等16位劳模，平均每月两场、每场邀请3位劳模，不但在党校宣讲，还巡回到11个镇街区、进入到企业宣讲。劳模先进用身边的例子讲自己的故事，对职工产生了积极影响。”

《工人日报》2019年12月6日

全省镇街党校管理人员第四期培训班在我市圆满结束

推动党员教育管理在基层“走深做实”

傅雅蓉

昨日，由我市承办的全省镇街党校管理人员培训班（第四期）圆满结束。培训班主要任务是深入学习贯彻习近平新时代中国特色社会主义思想，认真学习中央和省委关于加强党员教育管理和第二批主题教育的决策部署，提升思想认识，交流经验做法，增强知识本领，切实推动全省镇街党校办学提质增效和第二批主题教育落地落实。珠海、中山、江门、阳江、湛江、茂名、云浮 7 市近 480 名镇街党校管理人员参训。

据了解，12—14 日，培训班分别安排了专题辅导、集中观看学习、工作交流发言、实地参观江门市部分党员教育基地和镇街党校以及分组交流研讨等形式多样的教学内容。经过 3 天的学习培训，学员们纷纷表示学到很多、感受很多、受益很多。

来自江门的学员、江海区礼乐街道党工委副书记陈迁表示，本次培训班安排的课程内容丰富、形式多样，收获很大。作为新时代的基层党务工作者，今后将进一步履行好镇街党校管理者职责，继续点亮镇街党校“学习之灯”“建设之灯”“管理之灯”。

湛江学员代表、湛江市廉江和寮镇党委委员陆思恩认为，“他山之石，可以攻玉”。课上听课，课后交流，通过不断交流学习、思想碰撞，结识了很多兄弟市、兄弟镇的同事，随时随地交流探讨组织工作和党校培训工作的开展，从先进单位学习新的经验和鲜活的做法，拓宽了自己判断事物发展的视角，提高了处理新情况、解决新问题的综合能力。

汇聚华侨华人力量 共建美丽人文湾区

以心联侨 以情聚侨

华侨华人文化交流合作重要平台 正式启动建设

江门的人文魅力正转化为产业优势

12个签约项目总投资647亿元

“三中心+四平台+五个设计区”

粤港澳大湾区青年文创基地揭牌

以世界视野看华侨华人历史

纪录片《金山客》首播惊艳观众

全省镇街党校管理人员第四期培训班在我市圆满结束

推动党员教育管理在基层“走深做实”

《江门日报》2019 年 11 月 15 日版面

在培训中，有不少学员在参观了解双水镇委党校的建设和管理情况后赞不绝口。双水党校成立于 1959 年 3 月。60 年初心不改，坚持为农村培养合格党员。先后历经六次迁址，现址教学楼为 2004 年建成。2018 年镇委党校完成了升级改造。近年来，双水镇委党校通过加强硬件建设、建强师资队伍、推进教学创新、强化制度保障等举措，让党校真正“建起来”“用起来”“活起来”。

结业式上，省委组织部组织四处相关负责人指出，希望所有学员接下来进一步深刻认识形势，强化责任和使命担当；准确把握要求，找准工作方向和路径；推动学用转化，抓好各项工作的贯彻落实；加强学习，增强业务知识和能力本领。

《江门日报》2019 年 11 月 15 日

新会双水党校实行升级改造，将 5G 技术融入党课教学

为老党校插上科创新翅膀

郑　琦

在江门新会双水镇，远远就可以看到，潭江和主干道双水大道交界处坐落着一栋小巧精致的小楼。“目前，党校 4 楼、5 楼正在进行升级改造。”站在小楼外，双水镇党委副书记、党校常务副校长梁志成说。

近日，由江门市承办的全省镇街党校管理人员培训班（第四期）结课。其中，双水党校是必到培训点。珠海、中山、江门、阳江、湛江、茂名、云浮 7 市近 500 名镇街党校管理人员都到这里参训。不少学员在参观了解双水镇委党校的建设和管理情况后，赞不绝口。

办校至今已有 60 年，双水党校作为一个老党校，一直坚持为农村培养合格党员。特别是近年来，该校通过加强硬件建设、推进教学创新、探索全域传播等举措，让党校真正“建起来”“用起来”“活起来”。据统计，近三年来，双水党校已开设 496 场（次）特色课程。

硬件升级　党课教学注入 5G 元素强化互动

走进双水党校，多媒体会议室、学习室、宿舍和党员活动中心等一应俱

全。目前，该校已形成集党员轮训、专题学习、技能传授、拓展训练、就业指导、岗前培训于一体的综合式教学体系。

令人难以想象的是，如今看起来高大上的现代化设施的背后，是一个乡镇党校先后六次迁址的岁月史。其中，一楼校史展览室展览了办校初期党校牌匾、1977年至1980年的学员合照、教员手稿等69件珍贵展品；党校三楼也按照建校初期教室模样设立了初心大讲堂，置身其中聆听党课，仿佛时空穿越，又回到了那个火红的年代，令人激情澎湃。

A02 关注

南方日报

蓬江棠下文化旅游美食节吸引各方游客，打响文旅品牌

“又滑又爽，给棠下牛肉点赞”

深耕特色资源 推动乡村振兴

新会双水党校进行升级改造，将5G技术融入党课教学

为老党校插上科创新翅膀

《南方日报》2019年11月26日版面

展望未来，接下来双水党校有望注入更多高科技元素，让党课也变得“酷炫”起来。记者获悉，双水党校四楼、五楼升级改造。其中四楼将打造一个新的培训室，并注入5G等高科技元素，将其融入党课教学中，打造互动型教室。

为何要注入高科技元素？“我们在日常培训中发现，不少学员更喜欢情景教学、实践教学。而双水党校目前一、二、三楼的培训室教学手段相对‘传统’，一般是讲师在讲台上授课，学员在下面听课，互动效果一般。”梁志成说。

“我们计划通过新的技术手段，在课堂里呈现一些实时实景的模拟场景；

另外再摆放几组桌椅，打造一个小型的讨论室，可以让学员在此进行分组讨论。”梁志成说，这样学员们就可以把他们的所思所想立刻反映到设备系统中，有利于讲师与学员进行点评互动，并通过头脑风暴加深对课程内容的理解，激发解决问题的灵感。

实际上，近年来双水党校正不断丰富培训的手段和形式，从传统的“你讲我听”授课模式转变为互动教学，例如人与人之间的互动、人跟机器之间的互动等。在这一过程中，现代化先进设备的支撑作用不可或缺。“我们希望让来党校的学员更有获得感，除了学习到最新的理论知识，还可以体验最新的科学技术。”梁志成说。

值得一提的是，双水党校还计划在五楼打造一个休闲区或书吧，为学员提供一个在课余时间放松的空间。此外，该校还计划建设一个小舞台，方便学员在培训期间排练红色舞蹈、红色小品等，从而全面提升党校的软硬件实力。

教学创新　发放逾6000份意见表收集学习需求

“双水党校不仅拥有60年的历史传承，还灵活利用了党校这一形式载体，打造了不少颇有吸引力的课程。”参观培训后，珠海市湾仔街道的学员黄远飞为双水党校的教学创新竖起了大拇指。“比如，本来农民上党校的积极性不高。针对这种情况，双水党校打造的课程不仅仅包括思想理论教育，也包括与农民息息相关的生产知识，起到了一个很好的学习效果。”

通过基层调研、材料汇总、座谈征集等多种方式，双水党校在了解学员需求的基础上，结合本地党员群众实际，设置了涵盖党建类、农业类、经济类、专业类、群团类的五大类“套餐课程”。“基层缺什么，我们的课程内容就讲什么，立足这个理念开展特色教育培训。”梁志成举例说，该校面向乡镇青年干部开展“基层应急应变、基层复杂矛盾化解能力”系列课程，成功化解了200多宗村民矛盾纠纷。

实际上，双水党校每年的“套餐课程”都会更新。年初，党校把征求意见表下发到各个基层党支部，由基层党支部发给党员，征求党员的意见。“比如，他们有什么培训需求，对上一次的培训有什么感触，希望今年学什么东西？什么方式？他们都可以提意见。”梁志成说，意见表收回来之后，由党校进行分类，并结合部门需要以及上级要求，拟定全年的套餐式的培训课程表。“今年初，我们就发放了6000多份征求意见表。”

学员的课程需求包罗万象，对双水党校的师资力量提出了更高的要求。为此，该校不仅聘请了来自中央、省、市各级党校的优秀教师前来授课，还不断丰富自己的农村“土专家”“田秀才”。“双水党校的定位是打造农村党员培训基地，学员以农村党员为主，所以需要大量了解基层实际发展情况的教师。”梁志成说。

注重实践教学，也是双水党校的一大特色。例如，双水镇是新会陈皮的主要产地之一，全镇新会柑种植面积达3万多亩。“今年雨水比较多，有些树长势不好，我又不会分辨到底是正常的烂根还是得了黄龙病。”双水镇萌头村的一名村民对此发愁。

柑橘树一旦感染黄龙病，轻则树势衰退，重则植株枯死，还会传染给周边的果树，严重阻碍新会柑的生产和发展。为此，双水党校与当地农办部门组织广州的专家，给村民们上了一堂关于柑橘黄龙病综合防控技术的课程。专家们还下到田间地头，手把手地给村民们讲解种植技术，有效解决了困扰村民的问题。

全域传播　打通党课学习“最后一公里”

夜幕降临，双水党校旁的公园仍然十分热闹。每天晚上，镇上都有不少群众在这里活动。在这个时间段，党校通过学校的大喇叭，不停播放相关的党课内容，让群众也能学习最新的理论知识。“群众坐在公园里闲聊，每天哪怕听10—15分钟，日积月累也能够学习到不少新知识。”梁志成说。

上述场景，如今在双水越来越常见。随着软硬件条件及课程内容的全面提升，双水党校也在积极探索，如何打破物理界限，打通党课传播“最后一公里”，让更多党员群众及时了解到最新的理论动态，并在农村基层落地开花。

作为江门市农村党员教育培训基地，双水党校除了课堂教学之外，还统筹全市的优质资源，精心设计了基层党建、红色教育、乡村振兴等多条现场教学路线。“如今，我们的教学路线正在不断丰富，不局限于双水镇内或是党校内，而是整合五邑地区的红色教育资源作为培训点。”梁志成介绍。

例如，双水党校把开平周文雍、梁启超故居等著名景点串联起来，并组织学员过去现场体验、集体学习。“学员也比较乐意接受这种培训方式，效果非常好。接下来，我们希望继续走出去，把我们的培训课程及路线，打造得更有特色、更富成效。”梁志成说。

除此以外，双水党校还分别针对普通党员、外出流动党员、老党员、两新组织党员四类党员的特点，创新学习载体，完善学习方式，通过分教点夜校、周末讲堂、送书上门、送课到村等形式，打通党课传播“最后一公里”。

依托双水党校的资源，该镇结合基层实际，把理论学习、基层热点与小品践学、情景党课、实战学习、红色舞蹈、晚间大喇叭广播等结合起来，让党课学习“上接天线、下接地气”。如今，每周一上午 8 时 15 分，江门市新会区双水镇上，各个基层党支部同堂学习，大声朗读党章等学习材料。

网络技术也是双水实现党课快速传播的一柄利器。作为新会规模最大的镇之一，双水镇党委下辖 88 个基层党组织，其中村（社区）39 个，党员 4780 人。为适应年轻党员的实际需求，党校在“双水发布”微信公众号上开设“线上党校”栏目。“学员在手机上点击，就可以听到粤语音频，这样的方式可让更多党员群众听得懂、能领会、可落实。”党校讲解员介绍。

《南方日报》2019 年 11 月 26 日

双水党校：打造党建品牌新高地，下好农村党员教育大盘棋

黄　雅

农村党员是乡村振兴事业的骨干力量。抓好农村党员教育，对于巩固党在农村的执政根基、推进农村改革发展稳定具有深远意义。双水镇委党校作为江门市农村党员教育培训基地，深化“广东镇（街）党校的一面旗帜”品牌效应，打造“双水党校—党校公园—党建长廊—党群服务中心”红色品牌圈，不断拓宽党建文化阵地，创新传播方式，推动农村党员教育走新走细。

擦亮红色党建品牌　凝聚向心力

双水镇深挖本土红色资源，以“双水红飘带”、红色足迹打卡机、红企灯光秀等为载体，擦亮红色党建品牌，增强农村党员干部和群众对党的向心力。

一条红飘带高飘扬。打造“双水红飘带”品牌形象，以“传承红色基因，讲好双水故事”为主线，彰显“求真务实、敢为人先、锲而不舍”的精神。在红色党建阵地中融入双水文化，以“有形”的印记带给大家一场精彩的盛

宴，产生“无形”的共鸣，增强广大党员干部、群众的荣誉感、认同感。

三部打卡寻足迹。双水镇红色品牌圈设有红色足迹打卡机在党校、党建长廊和党群服务中心基地，党员干部、群众通过参观学习党建文化知识、学习党史、追随红色印记，完成打卡任务，以互动形式增强学习趣味性，提高学习积极性，打造活力党建、多彩党建，不断提升党员干部、群众参与感、归属感。

双水党校：打造党建品牌新高地，下好农村党员教育大盘棋

半月谈网　2021-09-03 19:47:12

农村党员是乡村振兴事业的骨干力量。抓好农村党员教育，对于巩固党在农村的执政根基、推进农村改革发展稳定具有深远意义。双水镇委党校作为江门市农村党员教育培训基地，深化“广东镇(街)党校的一面旗帜”品牌效应，打造“双水党校——党校公园——党建长廊——党群服务中心”红色品牌圈，不断拓宽党建文化阵地，创新传播方式，推动农村党员教育走新走细。

擦亮红色党建品牌 凝聚向心力

双水镇深挖本土红色资源，以“双水红飘带”、红色足迹打卡机、红企灯光秀等为载体，擦亮红色党建品牌，增强农村党员干部和群众对党的向心力。

一条红飘带高飘扬。打造“双水红飘带”品牌形象，以“传承红色基因，讲好双水故事”为主线，彰显“求真务实、敢为人先、锲而不舍”的精神。在红色党建阵地中融入双水文化，以“有形”的印记带给大家一场精彩的盛宴，产生“无形”的共鸣，增强广大党员干部、群众的荣誉感、认同感。

半月谈

半月谈网 2021 年 9 月 3 日页面

100 个枣工齐献礼。双水镇红色品牌圈设置了 100 个展现各行各业党员风采的红、青枣工。一方面，寓意党的百年光辉历程离不开各行各业党员干部的努力与奉献；另一方面通过红、青枣工的可爱卡通形象，让党建文化更接地气、更贴近群众。

丰富红色党建阵地　打造硬实力

“室内＋室外”拓展学习阵地。双水镇红色品牌圈将党建文化由室内拓展到室外，在党校公园和党建长廊中，分布着各式各样的雕塑、景观小品、室外展示墙等，包括风筝长廊、新时代文明实践墙、夏北浩飞机纪念模型等，

推出以“党建引领、志愿服务、社会公益、乡村振兴、和谐双水”为主体的五彩工作法以及以“党风、政风、家风、乡风、民风”为主导的五风文明建设，将党建知识、党史知识、党员风采、双水文化等展现在广大党员干部、群众面前，结合初心亭、舞蹈室、共享单车等休闲娱乐、便民设施，让党员干部、群众时刻沉浸在浓厚的党建学习氛围中。

“线上＋线下”打造智慧党建。灵活运用信息化技术手段，打造可看、可听、可感、可触的网上学习平台。镇党群服务中心配备智慧党建平台、体感互动区、智能答题机等，将最新的党建信息、内容呈现在广大党员干部面前，方便广大党员干部随时学、主动学。打造环境舒适的党员学习区，提供种类丰富的书籍，激发党员干部自主学习党史的热情。

“N 分教点”实现教育培训全覆盖。将双水镇 39 个村（社区）、3 个“两新”党组织、1 个部门党组织分教点融入红色品牌圈，结合新时代文明实践、积分管理、党史学习教育等，融合案例教学、现场教学，筑牢农村党建人才培养高地。

创新党员教育模式　激发软动力

双水镇红色品牌圈为党员干部提供完善的软、硬件设施，确保教育课程有创新、有实效。

“课堂＋研讨”模式促高质高效学。根据基层党员教育需求，用好用活市区镇三级师资库。根据时事、节气变化等有计划安排“党建类、农业类、经济类、专业类、群团类”等五大类套餐课程。定时召开专题研讨会和读书分享会。例如，在“七一”建党节，组织各村（社区）书记学习习近平总书记在七一大会上的重要讲话，结合工作实际，谈心得体会。

“体验＋实践”模式促入心入脑学。充分利用本土红色资源，组织党员干部到党建红色分教点上凌村武工队旧址、基背抗日纪念公园、仓前地下交通站等实地学习，选优配强一支讲解员队伍，绘声绘色讲解党建文化、党的历史和双水文化，让学员“零距离”感受浓厚的革命氛围。开展“实战式”学习，例如通过模拟农村基层征地场景，让党员学员临场应对，在“真枪实弹”中增长处理基层事务的才干。

半月谈网 2021 年 9 月 3 日

一所乡镇党校的六十年传承与新时代担当

张　雷　傅雅蓉

江门成立最早的乡镇党校，连续不间断独立办学60年，从1977年开始每年坚持对全镇党员开展轮训……在江门有一所成立于1959年的“特殊”的基层党校——新会区双水镇委党校：多年以来，在众多镇街党校已无法正常运作甚至中断办学的情况下，它依然肩负着教育培训当地基层党员的重任；今年以来，在我省全面加强党的基层组织建设，大力推进镇街党校建设的新形势下，它再次进行改造升级，成为“广东镇街党校的一面旗帜”。

老校长的回忆
去党校上课是党员莫大的荣誉

在新会区双水圩镇振兴公园的中央，一个巨大的、金黄色的党徽造型格外引人注目，有着60年历史的双水镇委党校就矗立在公园旁。

1959年，双水镇委党校的前身——双水公社管理委员会党校正式挂牌成立，选址于双水圩第一街的旧公社社址内。当时的主要任务是配合上级的中心工作，对全镇各级党组织的中共党员、干部进行培训。

“党校成立初期，每期党员培训班时间为3天，后来改为每期学习3—

5天。一年后，由于培训的学员人数较多，公社场地不足，双水镇委党校第一次搬迁，从原址搬到了将军山大圣庙旁边。”曾任双水镇委党校第七任校长的谭群可老人今年已经70多岁了，但他对双水镇委党校过往的历史依然记忆清晰。

NEWS·深读 A03

一所乡镇党校的六十年传承与新时代担当

江门最早成立的乡镇党校——双水镇委党校的示范效应

去党校上课是党员莫大的荣誉

高质量党建引领高质量发展

对标“六有”建好用好镇街党校

江门以“五个要”建设“三有一好”镇街党校

《江门日报》2018年10月12日版面

“将军山大圣庙离镇中心有10多公里路程，当时连路都没有，学员们硬是在杂草丛生的林地里，开辟出了一条通往党校的道路。虽然路途遥远，但能够去党校培训，是一件非常光荣的事情。”谭群可回忆说，当时党校培训出的学员在生产劳动中处处都能起带头模范作用，带领大家克服了粮食短缺等困境，在群众中很有号召力和影响力。

1967年至1970年期间，双水镇委党校又历经了两次搬迁，分别迁到了双水会堂和龙母庙。为确保党的方针政策迅速落实到一线，时任校长温耀全与教员们一起，收集双水镇党员的先进事迹、党的方针政策、双水干部廉政作风等，与宣传队合编双水民谣，用和楼歌、东风调、曾坑山歌、卖鸡调和竹板小调等本地曲调，让党的政策和党员先锋模范的故事在双水广为流传。

“这种教学方式受到了学员们的热烈欢迎，在课间、晚上休息时，党校里处处是歌声。那时候，我们教员课间休息就和学员们一起唱歌，没几首拿手的双水民谣可不行。”谭群可说。

1977 年，由于党员人数增加，场地不足，党校再次迁回了大圣庙，并在此扎根 17 年。从这一年开始，双水党校开始了全镇党员轮训。从 30 人左右的“小班”到 100 多人的“大班”，每期培训时间 2—5 天不等。此外，党校每年还举办一些农业技术、民兵训练等短期培训班。

“我们当时的办学条件非常艰苦，党校在山上不仅经常停电，还有蛇虫鼠蚁。当时学员到大圣庙学习，每人都需要携带锄头参加劳动，平整道路、球场和耕种小农场等，上午学习，下午劳动。”谭群可回忆说，那时候去党校上课，对党员来说是莫大的荣誉，无论谁去参加培训，都会感觉非常自豪。

1994 年、2004 年，双水镇委党校又经历了两次搬迁，目前双水镇委党校的地址就是 2004 年搬迁而来。

双水镇的收获
高质量党建引领高质量发展

今年 5 月，在江门市和新会区组织部门的大力支持下，双水镇委担当作为，对党校又完成了新一轮升级改造，与之前相比，现在的双水镇委党校“党味”更浓了。

记者近日走进双水镇委党校看到，多媒体会议室、初心大讲堂、使命研习社、学习室、宿舍和党员活动中心等配套功能室一应俱全。在着力打造新时代综合性镇街党校的同时，双水镇委党校亦保留了不少旧日痕迹。在一楼校史展览室中，展览了办校初期党校牌匾、1977 年至 1980 年的学员合照、教员手稿等 69 件珍贵展品。党校三楼也按照建校初期教室模样设立了初心大讲堂，置身其中聆听党课，仿佛时空穿越，又回到了那个火红的年代，令人激情澎湃。此外，深挖红色资源，传承红色基因，设置红色分教点，开展现场实境教学，也是双水镇委党校的一大创新举措。

“早在 1977 年，双水党校就开始对全镇党员进行大轮训，以思想政治教育为主，同时兼顾开办一些农业技术培训课程等，这一做法一直延续至今。”双水镇党委委员、镇委党校副校长梁志成介绍说。在师资队伍方面，除了充分利用好江门市、新会区建立的两级师资库，双水镇委还把先进典型人物、致富能手、专业技师和“土专家”“田秀才”等纳入师资库。

“我们通过基层调研、材料汇总、座谈征集等多种方式了解学员需求，在综合意见建议的基础上，结合本地党员群众实际，设置了涵盖‘党建类、农业类、经济类、专业类、群团类’的五大类‘套餐课程’，本着基层缺什么补什么的理念开展特色教育培训。”梁志成告诉记者，比如面向镇种植大户开展“新会柑种植”系列课程，让全镇新会柑单位面积年产量同比增加近一成；面向乡镇青年干部开展“基层应急应变、基层复杂矛盾化解能力”系列课程，成功化解了 200 多宗村民矛盾纠纷。

三年来，双水镇委党校共为当地基层党员干部及群众，提供轮训、专题学习、拓展训练、就业指导、技能传授、岗前培训等特色课程共计 400 多场次。通过精准培训，双水镇委党校为当地培养了一批又一批忠诚担当、敢想敢干的优秀基层党员干部和人才。基层党组织的凝聚力、战斗力增强了，基层党组织书记抓党建的主业意识提高了，基层党员的先进性以及模范带头作用也体现出来了。

“高质量党建引领高质量发展，基层党组织和广大党员组织力和战斗力的提升，凝聚起了推进双水经济社会保持较快发展的强大力量。”双水镇委书记、党校校长刘国培介绍说，今年以来，双水镇多项重要经济指标保持较快增长，乡村振兴战略实施取得重要进展，社会大局保持和谐稳定，人民群众的幸福感、获得感和安全感也得到进一步提升。

江门市的担当
对标“六有”建好用好镇街党校

“60 年来，双水镇委党校虽然历经六次迁址，但一直坚持办学至今，为基层党的建设提供了源源不断的智力支持。要深入挖掘办学历史，全面总结办学经验，进一步提升软硬件建设水平，将双水镇委党校打造成为江门基层党校发展的典型，带动全市更多镇街党校建设取得新成绩。”今年7月10日，市委有关负责人到新会区调研时，专门前往双水镇委党校参观，对这所江门成立最早的镇级党校给予了高度评价并寄予厚望。

作为广东省加强党的基层组织建设“三年行动计划”的重要工作之一，省委对镇街党校建设高度重视，要求各地要按照“有领导机构、有学习场地、有授课老师、有学习计划、有规章制度、有经费保障”的“六有标准”，在今年底前要实现镇街党校全覆盖。今年以来，江门各市区对照省委、市委要求，落实有关部署，结合本地实际，借鉴双水等试点党校经验，迅速有序地推进镇街党校建设工作，在短短两个月内全市所有73个镇街党校全部开班运作。

“党政军民学，东西南北中，党领导一切。但当前在镇街等基层，仍然存在着党组织弱化、虚化、边缘化的问题。一些基层党组织对传达学习上级部署精神不重视，或流于形式，学习效果差；不少普通党员甚至是党组织书记对党的路线方针政策学习不够、了解不多、理解不透，党性意识不强，党员的先进性体现不出来。”市委常委、组织部长张元醒在部署全市镇街党校建设工作时指出，“加强镇街党校建设就是为了充分利用它的阵地优势、教育优势和宣传优势，发挥其在教育培训基层党员的主渠道主阵地作用，把基层党员的党性锤炼好、技能培训好，提升基层党组织书记落实党建工作、把握方针政策、带领创业致富的能力水平，从而全面加强基层党组织建设，提升组织力，推动习近平新时代中国特色社会主义思想在江门大地落地生根、结出丰硕成果。”

“在严格对照落实省委‘六有标准’的同时，市委对全市镇街党校建设运作提出了‘五个要’的工作要求，即场所建设要规范适度、培训对象要主次兼顾、师资队伍要常用常新、教育形式要喜闻乐见、运作机制要保障畅通。”市委组织部副部长张学东表示，“我们不仅要建好而且还要用好镇街党校，争取打造更多类似双水党校这样的优秀镇街党校，确保把全市镇街党校打造成高水平、有质量的基层党员教育培训的主阵地。”

新闻延伸

江门以“五个要”建设“三有一好”镇街党校

如何建好、用好镇街党校？我市提出以“五个要”的工作要求，全面恢复镇街党校设置，建设“有完善教学设施、有过硬师资队伍、有常年办学任务和工作运转良好”的“三有一好”镇街党校。

一是场所建设要规范适度。镇街党校建设坚持“有场所、有标识、有设备、有氛围、有台账、有管理”的“六有”标准，确保场所固定、设施配套、规模适度、功能齐全。在选择场地时，充分利用各镇街现有的党群服务中心、文化中心、会议室等场地资源，以“一室多用”原则，解决场地问题；在建设场所时，围绕党建元素庄重、党建文化突出、风格简洁清新的原则，适度地对场地进行装修改造，突出党味，营造氛围，同时配套适应教育培训需要的电教设备，满足正常教学需求。

二是培训对象要主次兼顾。坚持按每月至少 2 期的原则编制镇街党校年度培训计划，确保基层普通党员参加镇街党校学习实现全覆盖，每名基层普通党员每年集中学习时间不少于 2 天，真正发挥镇街党校直接教育培训基层普通党员的主渠道主阵地作用。同时，坚持把激活镇街党校功能与建设新时代讲习所结合起来，对非党镇（街）机关企事业单位干部、村（居）民委员会成员、村（居）民小组长、村（居）民代表、种养能手等，开展涉农政策和技能素养的教育培训，为推进乡村振兴综合改革培养一批“懂农业、爱农村、爱农民”的“三农”工作队伍。

三是师资队伍要常用常新。充分利用各级领导干部、专家学者，以及各类教育基地的优秀讲解员、社会组织中的优秀社工、“两新”组织中的优秀员工等，组建市县镇三级镇街党校师资库，形成门类齐全、人员充足的师资力量队伍。摒弃师资库“一家专用”的思维，即可纵向用好用活市县镇三级师资库，还可横向跨镇（街）跨市（区）使用师资库，扩大选用范围，丰富教学课程，提高培训效果。同时，建立市县镇三级镇街党校师资库管理办法，确保各级师资库常用常新、发挥作用。

四是教育形式要喜闻乐见。在学习内容上，既要落实“规定动作”，即加强习近平新时代中国特色社会主义思想、党的十九大精神等方面知识学习，做实理论教育和党性教育；又要创新“自选动作”，即从普通党员的“需求侧”出发，有针对性地开设乡村振兴、扫黑除恶、基层治理等方面培训课程。在学习方式上，主要采用“线上线下”相结合的“立体教学”模式，“线上”即利用广东省现代远程教育平台和广东省党员教育网等“一台一网”资源，运用互联网和多媒体手段开展教学；“线下”即通过播放爱国题材影片、先进典型视频和现场教学参观等多种形式，使党员愿意来、喜欢听、有感触。

五是运作机制要保障畅通。解决责任主体问题，由镇（街）组织办承担党校运作职责，抓好办班组织，做到每一期都有明确时间、明确对象、明确内容、明确责任；解决工作力量问题，为镇（街）组织办再增加配备不少于1名专职工作人员，具体负责校务管理、考勤考核、档案整理等；解决经费保障问题，从市县两级管理党费中划拨建设补助经费，由各镇街财政实行兜底管理，并由市委组织部负责市级师资库成员到镇街党校授课所产生的课酬、差旅、交通、住宿等费用，减轻镇街财政负担；解决宣传平台问题，利用现有政府信息网、微信公众号等，适时发布镇街党校办班信息，畅通镇街党校与普通党员之间的沟通渠道。

《江门日报》2018年10月12日

双水党校为何能坚持 60 年不间断办学？

——有一种坚持叫不忘初心牢记使命

傅雅蓉　任晓盈

日前，《人民日报》党建专版以《广东省江门市新会区双水镇党校 60 年来坚持教育培训党员不间断　一所乡镇党校的六十年坚守》为题，刊发了一篇聚焦我市新会双水党校的深度报道，用近 3000 字的规模，讲述了双水党校的历史、办学历程以及未来的发展方向。

双水党校用它不懈的坚持赢得了关注和肯定。同时，不少去过双水党校的人也都会产生这个疑惑——作为我市独立办学持续时间最长的镇级党校，在其他地方的镇级党校因各种原因出现停办的时代大潮中，为何双水镇委党校却能从 1959 年成立以来，坚持 60 年不间断办学至今？

带着这个问题，记者近日多次深入新会区双水党校采访，听数位历任双水党校校长讲述“有一种坚持叫不忘初心牢记使命”的故事。

1959 年，为响应周恩来总理视察新会时提出的“城乡结合、工农结合、体力劳动与脑力劳动结合”的指示，双水党校在“三年经济困难时期”，不仅办了起来，还坚持了下去。

20 世纪 70 年代，双水党校破败陈旧，加上党员众多，曾考虑停止轮训，但全镇党员干部不答应，党员群众纷纷出钱出力，建成了一座两层高的综合教学楼。

进入新世纪，党校的办学条件终于得到了根本改善。一座楼高五层的双水镇委党校教学大楼在 2004 年正式建成投入使用，学校周边公园、停车场等配套设施也逐步齐全。

去年，双水党校成为江门市农村党员教育培训基地，教学内容、教学形式进行了再次升级，目前正在向打造辐射广东、影响华南的“农村党员教育培训基地”迈进。

五邑党旗红 追梦新时代

双水党校为何能坚持60年不间断办学？

有一种坚持叫不忘初心牢记使命

培养合格党员干部，才能落实好党的政策

党校不仅办下去了，在党员群众中也更有口碑

党委重视 教职工努力 党员群众支持

打造辐射广东影响华南的“农村党员教育培训基地”

《江门日报》2019 年 6 月 14 日版面

“党要管党，党校姓党，我们办党校，就是要不能忘记培养合格党员干部这个最大的初心。这么多年来，我们一代代双水党校人都做到了不忘初心、牢记使命。”谈及为何能够在这么多困难面前坚持办学，双水镇委党校第七任校长谭群可说，党校能够坚持下来，离不开党委高度重视、大力支持和教职工的攻坚克难、无私奉献，但更重要的是，党校的办学成效、办学影响力，真正融入到了当地党员群众当中，获得了大家的真心拥护。

“要是谁说镇里不办党校了，那全镇人民都不答应的，我作为校长，更不敢在我这届把党校办没了，所以我们都一代代传承下去，越办越好了。”双水镇委党校第三任校长温耀全说。

党校的初心
培养合格党员干部，才能落实好党的政策

1958 年，全国上下忙着发展生产，一派热火朝天的景象。这一年，双水镇成立了人民公社，动员全体村民“大筑水库”，不到三个月，就修起了两个大型水库。

正是在这种“苦战四月天，幸福万万年”的氛围中，双水镇委党校于 1959 年成立了，成为新会成立最早的乡镇党校。

“当时我们基层深刻感受到，如果没有合格的党员干部，没有能起带头作用的人，那上级有再好的政策，都很难贯彻落实下来，所以就要办党校。”谭群可说，这是他们办党校的“初心”。

1959 年 3 月，双水党校在双水圩第一街的旧公社社址内成立。党校成立初期，每期党员培训班时间为 3 天，后来改为每期学习 3—5 天，入党积极分子则培训 2 天。学习内容主要是毛泽东思想、三面红旗、人民公社六十条等。

党校成立初期恰逢“三年经济困难时期”，在党校培训时，学员多是步行来、步行走，学习期间还需要交伙食费。党校成立一年后，由于培训的学员人数较多，而公社场地不足，双水镇委党校进行了第一次搬迁，从原址搬到了将军山大圣庙旁边。

温耀全告诉记者，将军山本是一片荒山野岭，没有路，没有灯，没有课桌椅，晚上睡觉还经常能听到野兽的声音。

面对这些困难，学员们硬是在杂草丛生的林地里，开辟出了一条通往党校的道路。为了方便培训，党校把大圣庙当作教室、办公室、宿舍用，还在旁边搭建了一些竹寮、板房，建成简易的食堂、冲凉房和厕所。

“虽然条件艰苦了些，但学员们都为自己能够在党校学习培训深感自豪，从不怕苦喊累。党校培育出来的学员回到生产劳动中，个个都是一把好手，

带领大家克服了粮食短缺等诸多困难。”谭群可自豪地说。

1967年至1970年期间，双水镇委党校又经历了两次搬迁，分别迁到了双水会堂和龙母庙。1977年，党校再次迁回将军山大圣庙，并在此扎根17年。从这一年开始，双水党校开始了全镇党员轮训。从30人左右的“小班”到100多人的“大班”，每期培训时间为2—5天。此外，党校每年还举办一些农业技术、民兵训练等短期培训班。

1994年和2004年，双水镇委党校又经历了两次搬迁，如今，位于双水圩振兴公园旁，楼高五层的双水镇委党校已投入使用15年之久了。

克服诸多困难
党校不仅办下去了，在党员群众中也更有口碑

“办党校并不是一件容易的事。”温耀全回忆，尤其在20世纪80年代以前，几乎每一任校长都面临着食宿无法保证、教学设备不足、学员上课不方便等诸多困难，“发现困难，正视困难，了解困难，解决困难，这才能让党校一年一年办下去”。

学员吃不饱饭，党校便向镇委申请了一块荒地，发动教员、学员们种水稻，人人自力更生，解决粮食问题；设备不足又没钱买新的，教职工跑遍了镇里的各个角落，收集旧的台凳回来进行修理，保证教学顺利开展；交通不便，道路难行，镇委克服困难大力支持，党员群众齐出力，修建了一条宽阔的办学路。

解决了吃住行的问题，学员们也有了上党课的动力。如何将课程办“活”就成了摆在双水党校面前的又一个难题。早在1967年，双水公社毛泽东思想宣传队在双水会堂成立，并随双水党校搬迁到了龙母庙。宣传队在龙母庙办公、排练，晚上下乡演出，也与双水党校有了更多的互动。后来，受到宣传队的启发，双水党校开始收集双水镇党员的先进事迹、党的方针政策、双水干部廉政作风等，编成双水民谣，用和楼歌、东风调、曾坑山歌、卖鸡

调和竹板小调等本地曲调，让党的政策和党员先锋模范的故事在双水广为流传。

为了让党课更加“接地气”，党校要求教员们多下基层。“当时的党校，办完一期就会休息十来天。这时候教员们就要下乡调查总结，看看学员学习后有没有产生效果，将先进事例写成总结材料带回来，在下一期培训中进行展示，这都是实实在在的‘活’教材，其他党员学习后也可以运用到日常劳动生产中。”谭群可解释说：“理论来理论去肯定是不行的，基层党校培训一定要‘接地气’。”

就这样，形式多样、内容丰富的党课受到了众多基层党员的欢迎，党校办学在党员群众间的口碑也越来越好。1977 年，条件艰苦的双水党校曾考虑停止轮训，可征求意见时，各村党员干部都不答应，党员群众纷纷有钱出钱、有力出力，在大圣庙旁建成了一座两层高的综合教学楼，掀开了党校“大班”教学的新篇章。

坚持办学的背后
党委重视　教职工努力　党员群众支持

是什么样的信念和秘诀，让双水党校在这么多困难面前，都坚持了下来呢?

问起为什么能够坚持办校?温耀全和谭群可不约而同提到了“党委重视”这一关键因素。“党委不重视，党校是绝对办不好的。即使在 20 世纪六七十年代，党委仍然十分重视党校工作，不仅把最优秀的知识青年请来当我们的教员，且经济再困难也会准时发放教学费用，还亲自挑选教学用地，这给了我们极大的信心和鼓舞。”温耀全说。

到了 20 世纪 90 年代，镇里的经济情况逐渐好了起来，镇党委对党校的关注和关心更加到位。谭群可介绍：“那时我们党校建设遇到问题就向党委请示汇报，一个电话提需求，党委就帮我们安排到位，这也让我们有更多精力投入到课程钻研和创新当中。”

另一个关键因素则是老校长们一直挂在嘴边的“传承”。“我的上一任校长 1986 年卸任，我和他曾一起工作过三年，时间过去太久了，他对我说的许多话我已经记不清了，但他卸任前对我说的几句话我还记忆犹新。他说：‘你为人成熟稳重，党校交给你我很放心，一定要不忘初心，把党校一届一届办下去，不要辜负党委对我们的期望。’”忆起往事，谭群可有些激动，在他看来，正是一代代双水党校人“不忘初心、牢记使命”的信念，成就了双水党校 60 年办学的薪火相传。

除了党委的重视，教职工的努力，紧跟党员群众日益变化的需求也是党校能够持续办学的一个重要原因。“事实上，党校就是一个连接党委与群众的平台，我们将党最新的方针政策通过通俗易懂的方式教给党员，再让党员们回去以实践的形式传播给群众。”谭群可认为，这才是基层党校最有价值的办学模式。

到了 1994 年，新一任校长张福然对双水党校的教学模式又进行了改革和升级。“每期培训开班前，我们会组织教员们各定 2—3 个题材进行备课，准备好之后，由镇党委副书记召集镇里的组织委员、宣传委员来听我们试讲两次，并给我们提供修改意见，修改后的课程更加生动有趣，也就更容易受基层党员们的欢迎。”张福然说。

党员群众感兴趣，真心支持党校办学，才让双水党校一次又一次焕发新的活力，成为一代又一代双水人心中抹不去的记忆。

新的使命
打造辐射广东影响华南的“农村党员教育培训基地”

去年以来，在江门市和新会区组织部门的大力支持下，双水镇委担当作为，对党校进行了新一轮升级改造，与之前相比，现在的双水镇委党校“党味”更浓了。

钨丝灯、木桌椅、黑板，曾经教员们的授课书籍、笔记、剪报……改造后的双水党校内，初心大讲堂还保留着许多往日的痕迹。但在一楼的校史展览室、多媒体会议室、党员活动中心，宽阔的场地、先进的多功能设备一应俱全，正展示着双水党校如今的辉煌。

“近年来，我们通过基层调研、材料汇总、座谈征集等多种方式了解学员需求，在综合意见建议的基础上，结合本地党员群众实际，设置了涵盖‘党建类、农业类、经济类、专业类、群团类’的五大类‘套餐课程’，本着基层缺什么补什么的理念开展特色教育培训。”双水镇党委委员、镇委党校副校长梁志成告诉记者，比如面向镇里的种植大户开展“新会柑种植”系列课程，让全镇新会柑单位面积年产量同比增长近一成；面向乡镇青年干部开展“基层应急应变、基层复杂矛盾化解能力”系列课程，成功化解多宗村民矛盾纠纷。

2016年至今，双水镇委党校共为当地基层党员干部及群众，提供轮训、专题学习、拓展训练、就业指导、技能传授、岗前培训等特色课程共计400多场次。通过精准培训，双水镇委党校为当地培养了一批又一批忠诚担当、敢想敢干的优秀基层党员干部和人才。

如今，每年双水镇委党校都会对全镇4800多名党员进行全员大轮训，除了主场理论教学，还推出了“线上五习+线下六讲”、“百日大练兵”、情景党课、“实战式”学习、农村党员夜校（塘河村）等更多适应时代发展的教学新模式。同时，深挖红色资源，传承红色基因，设置红色分教点，开展现场实境教学。

日前，中组部党员教育中心主任李博率队到双水党校调研时表示，从基层建设和作用发挥上来看，双水党校是全国镇级党校里最好的一所。

去年10月，成为江门市农村党员教育培训基地的双水党校，再一次焕发新生，有了新的使命。今年，双水党校进一步对校舍、教学区域和展厅进行了升级改造，拓展开发户外现场教学点，同时创新教学模式，开发“菜单式”教学课程，“点餐式”培训模式大大提升了对党员的吸引力。

市委组织部副部长、市“两新”组织党工委书记张学东表示，接下来，将进一步整合全市的红色教育资源，挖掘总结成功的乡村振兴案例、新农村建设样本、全域旅游发展模式，形成学习素材和教学模本放入双水党校的教学资源库。同时，继续强化主阵地和户外现场教学点的建设，把双水党校打造成辐射广东、影响华南的“农村党员教育培训基地”。

《江门日报》2019 年 6 月 14 日

战疫不停学，线上党校怎样开展得更好

陈健鹏 廖定国 梁志成 薛颖洁

在新冠疫情的特殊时期，为减少人员聚集，江门市创新党员学习教育培训模式，以双水镇委党校为试点，开通“线上党校”，推出了系列线上专题党课，以非接触式集中学习方式开展党课，打好安全“主动仗”。

位于江门新会区双水镇的江门中顺纸业有限公司，是双水镇的老牌纸企，自今年 2 月 10 日起，该企业便开始复工。面对严峻的疫情防控形势，部分员工对复工复产心存疑虑。

如何同时做好疫情防控和复工复产？在观看了双水镇委党校（以下简称“双水党校”）“线上党校”推出的“疫情防控”系列视频课程后，中顺纸业党员幸化倚心里有了底。在党支部的带领下，中顺纸业的党员们发挥先锋模范作用，制订方案，让企业防疫措施流程一目了然，按下了复工复产的“快进键”。

据介绍，在新冠疫情的特殊时期，为减少人员聚集，江门市创新党员学习教育培训模式，以双水党校为试点，开通“线上党校”，推出了系列线上专题党课，以非接触式集中学习方式开展党课，打好安全“主动仗”。

“疫情防控期间，党员动动手指头就能得到培训，这种形式太好了！”

幸化倚说，微党课还可以在公司食堂播放，得到公司党员和员工的一致点赞。

“线上”培训

镇街党校是面对基层党员干部的教育阵地，也是分布最广、设点最多、最接地气的党员干部教育最前沿。

成立于1959年的双水党校，作为江门市成立最早的镇级党校，61年来始终坚持党校姓党原则，形成了实事求是的优良传统和作风，通过各种类型的培训教育，为双水经济社会发展培育了一代又一代的优秀党员干部。

今年初，新冠疫情来袭。为阻断疫情传播，双水党校暂停了线下的教学活动，这也意味着基层党员的线下教育培训将暂缓进行。然而，疫情之下，双水镇的党员们希望能够“停班不停学”，也希望在疫情防控中得到更多指引。

双水党校相关负责人介绍，为了不影响基层党员教育培训计划，双水党校坚决落实疫情防控工作部署，秉承双水党校61年不间断办学、多元化办

战疫不停学，线上党校怎样开展得更好

在新冠肺炎疫情的特殊时期，为减少人员聚集，江门市创新党员学习教育培训模式，以双水镇委党校为试点，开通“线上党校”，推出了系列线上专题党课，以非接触式集中学习方式开展党课，打好安全“主动仗”

《南方》杂志2020年4月26日版面

学的特色，充分利用现有的网络培训资源，开通“线上党校”，整合优质教学资源，组织开展“讲时闻”“微党课”等线上党课培训教学活动，确保防疫、教学两不误。

“复工复产期间，企业疫情防控工作要点有哪些？”“居家防护，有哪些值得注意的地方？”

不少双水镇的党员留意到，最近，在公众号“双水发布”的主页，出现了“线上党校”一栏，只需要轻轻一点，“微党课”便立即集中呈现在手机页面上，每节微党课还都附有普通话版和粤语版，内容涵盖了近期党员干部最关心关注的内容，方便党员进行学习。

原来，为支持企业复工复产工作，双水“线上党校”专门推出“疫情防控”系列视频课程，邀请双水镇卫生院专业医生主讲，包括“新冠肺炎常识”“企业复工疫情防控工作要点”等内容。

除党员干部积极主动参与学习外，双水党校最新一期微课堂“企业复工疫情防控工作要点”还获得了企业的认可和关注，吸引了来自双水的28家企业在食堂转播。

“这种分散的线上学习，让家里、生产田头、企业食堂都成为党员们学习的场所，取得了很好的效果。”双水党校相关负责人说。据介绍，截至目前，该镇485家企业返岗率、有效复工率、达产率均达100%。

拓宽传播途径

将“面对面”变为“屏对屏”，双水党校更加突出“线上党校”的生动性和覆盖面。

比如，双水党校录制了14节“讲时闻”微型党课，在“双水发布”分批发布，供基层党员干部收听收看。

《南方》杂志记者留意到，在“讲时闻”栏目中，双水党校主要围绕党中央、国务院、各级党委政府的最新防疫政策和防疫指引，以时闻播报、情景讨论、闲谈交流、卫生课堂等农村基层党员干部、村民群众喜闻乐见的方式及时宣传播报。

据了解，双水党校以每周两篇的形式，为全镇 4810 名党员上载发布。双水党校相关负责人说，每期“线上党校”的课程，都会全部转发到双水镇 96 个基层党组织“党建微信群”中，通过对诸如“我们基层党员干部在重大疫情面前，应该怎么办”等问题的讨论，明确责任，鼓舞士气。

在每个基层党组织微信群里，党员们都以图片、文字、视频等形式分享自己的心得体会，并将最关注的问题和疑问在群里抛出来，展开热情交流和激烈讨论，各抒己见。

“这种非接触式学习的方式，大家通过学习交流发生了思想的碰撞，从而在防疫工作的‘实践课堂’中发挥先锋模范作用，实现党建引领全力推进防控工作。”荫头村党总支书记钟华许说。

除此之外，双水党校还不断拓宽传播的广度和深度。双水党校相关负责人介绍，除在“双水发布”微信公众号“线上党校”发布课程外，双水党校还采取“固定＋流动”方式广播线上党校内容，启用了 39 个村（社区）党群服务中心大喇叭和车载小型“移动音箱”播放疫情防控知识等内容，全力筑牢农村基层抗击疫情坚固防线。

“线下”战疫

“我曾是塘河村的干部，更是一名共产党员，现在虽然年纪大了，但是除了向党组织缴纳党费，在这场战疫面前，我还能出一份力。”在疫情最吃紧的时候，塘河村党总支退休书记邹社润主动请缨参加了疫情防控检查工作。原来，邹社润通过双水党校“讲时闻”栏目，意识到疫情的严峻，主动站了出来。现在，他成为村口疫情防控检查点的熟悉身影之一，每当村民路过，都会亲切地叫上一声“老书记”。

战疫中，双水党校通过做好党员教育“大文章”，聚合起强大的抗疫战斗力量。

沙萌村游杰文、豪山村黄瑞华等驻村第一书记，在村口要道设卡排查，全天候对过往的车辆、人员严格进行测温登记，成为双水镇疫情防控阻击战中的“铁栅栏”。

广东华泰纸业有限公司的青年党员张宇庭，晚上下班后主动到防控登记点帮忙值班，双水镇新恒木粉厂业主、党员林锦胜和弟弟林锦新将自家的货车改装成为疫情防控宣传车，自己当司机，走街串巷宣传疫情防控知识，并带领家人制作宵夜送给值守防疫的一线人员……

双水镇的党员都说，“线上党校”解决了疫情防控期间基层党员不能聚集学习的困难，为基层党员干部学习贯彻中央精神打通了“最后一公里”，学习内容既适时又接地气，深受基层党员干部的欢迎。

“线上教学不仅能达到面对面教学的效果，还能课后回看，这让很多白天没时间学习的党员，晚上还能巩固学习成效。”邹社润说。

双水党校相关负责人介绍，接下来，双水党校还将以此模式全面开展入党积极分子、新党员、基层党组织负责人的培训，让党员教育培训在战疫期间“停课不停学”，将“教育培训进行到底”。

《南方》杂志 2020 年 4 月 26 日

我市依托双水镇委党校成立江门市农村基层党建学院

专注农村党建理论研究和人才培养

黎禹君　江组轩

近日，依托被誉为“广东镇街党校的一面旗帜”的新会区双水镇委党校，我市成立江门市农村基层党建学院（以下简称“学院”），全力打造辐射广东、影响全国，软硬件设施齐备，专注于农村党建理论研究和人才培养的综合教育基地。

百年大党栉风沐雨，百年事业踵事增华。据了解，学院将以升级打造高水平农村基层党建学院为目标，创新研究机制，继续致力于农村基层党建基础性、应用性、长效性研究，提炼出更多更成熟的农村基层党建先进经验，为党建引领乡村振兴提供坚强的组织保证和智力支持，为全省乃至全国加强农村党员教育展示“江门探索”、提供“江门模式”、做出“江门贡献”。

基础过硬
为学院落户提供坚实支撑

走进双水镇委党校的初心大讲堂，仿佛一下子回到过去——钨丝灯、木桌椅、黑板，曾经的教员们的授课书籍、笔记、剪报，静静地陈列在柜子

江门日报 A03 要闻

我市依托双水镇委党校成立江门市农村基层党建学院
专注农村党建理论研究和人才培养

为学院落户提供坚实支撑

为学院发展举旗定向

恩平市曦望社会工作服务中心党支部书记、总干事岑梓健：
用爱温暖更多心灵

《江门日报》2021 年 6 月 7 日版面

里，似乎还在对前来上课的党员们诉说着过去的光荣岁月。

双水镇委党校成立于 1959 年，60 多年初心不改，先后历经 6 次迁址，坚持为农村培养合格党员，2018 年成为江门市首个农村党员教育培训基地。如今，在双水镇委党校成立江门市农村基层党建学院，可谓正当其时、十分必要。

一方面，双水镇委党校硬件设施过硬，目前已建有校史展览室、现代化多媒体培训室、活动室，配套党建公园、公寓、餐厅和党群活动中心；同时，校区范围不断扩大，在建江林、龙脊、新会陈皮产业小镇三大各具特色的分校区，建成后可达到每天 1000 人的培训接待能力。

另一方面，双水镇委党校软件配套成熟，作为江门市农村党员教育基地的排头兵，充分发挥党校平台优势，整合全市党建智慧力量，使更多优质师资齐聚一堂，不断深化农村基层党建研究积淀，并用以指导乡村振兴实践。不仅如此，双水镇委党校教学模式还获“2019 年度广东省基层党建最佳创新案例奖”，“头雁”工程获“2020 年广东十大最具影响力农业农村改革案例”。

经验成熟
为学院建设全面蓄势赋能

为什么双水镇委党校能够60多年屹立不倒？双水镇党委主要负责人表示，双水镇在长期的发展中形成了“求真务实、敢为人先、锲而不舍”的“双水精神”，这种精神推动了双水党校的发展，也激励着双水人砥砺前行。60余年的成熟经验，也为江门市农村基层党建学院建设全面蓄势赋能。

在人员架构方面，双水镇委党校在乡镇机构改革中明确为事业单位，由市、区委组织部管理和镇党委领导，配备7名在编人员和3名专（兼）职解说员，通过完善的保障制度构建起“长效化”培训机制。在场地架构方面，双水镇委党校本部可容纳超过150人的培训室有3个，配套建设一个占地1.53公顷的红色党建公园、1.5千米的党建长廊以及超2000平方米的综合性镇党群服务中心，同时确立39个各具特色的村（社区）党校教学点。在课程架构方面，双水镇委党校积极打造党建类、农业类、经济类等五大类“套餐式”课程，根据形势增添学员“点餐”授课、党员百日大练兵等特色课程，同时设有外训机构，为全国各地党员干部提供优质的培训和服务。

同时，强大师资助力党建研究。双水镇委党校是我市较早成立的专门从事农村基层党建教育的镇级培训单位，自成立以来一直广纳贤士、积聚智囊。组建农村基层党建讲师团，把全国优秀基层党建工作者、农村党建带头人等纳入师资库，串联市、区级及以上的师资力量，建立1000多人的“全方位”师资库。在理论教学方面，积极与中央党校、省委党校以及华南农业大学等高校合作，建立高端专家师资库，积极开展农村基层党组织组织力建设、农村基层党建与扶贫开发以及农村基层党建与乡村社会治理等课题宣讲，根据需求提供前沿基层党建学术讲座，为深入研究提供智力支持。

此外，丰富资源拓展教学外延。双水镇委党校推行多种教学模式相融合，有效盘活用好本土资源。在现场教学方面，根据不同参训对象的需求，提供多套完善的培训课程设计方案，如充分利用江门市内外红色教育阵地，形成初心课程线路；结合党史学习教育，重走周总理视察新会纪念馆、周文雍陈铁军烈士陵园、梁启超故居、市党群服务中心等红色阵地。在案例教学方面，结合双水镇作为新会柑种植大镇的实际，开设新会陈皮精品案例现场教学，在新会柑种植田间、新会陈皮产业小镇现场讲解如何通过种植、加工、流通、仓储、金融，实现第一、第二、第三产业融合发展，使“小小陈皮”带动起100亿元的产值，解决了农业增产、农民增收的实际问题；充分利用开平碉楼、台山海岸线等本土特色资源，现场教学如何以党建推动乡村振兴新农村建设。

定位清晰
为学院发展举旗定向

时光荏苒，在新时代背景下，双水镇委党校将不忘初心，再担重任。

清晰的定位能为发展举旗定向。市委组织部相关负责人表示，成立江门市农村基层党建学院，有利于推动双水镇委党校为新形势下农村基层党建教育工作提供全方位一体化服务，实现农村基层党建模式的规范化、实效化。双水镇委党校将充分发挥作用，与江门市农村基层党建学院相辅相成，进一步推动基层党建在产业、技术、人才等各个领域的深度融合，以组织振兴、人才振兴推动乡村全面振兴。

一方面，完善党建学院软硬件设施。继续升级现有配套设施，强化阵地建设，充分整合资源，为理论学术研究提供基础案例支撑，建立健全农村基层党建的常态长效机制；对如何提升党建引领乡村振兴、“三产”融合发展、为民办实事等引领基层治理效能方面课题，有针对性地开展理论研究，进一步利用党校和学院平台，相互促进，共同发展；升级优化学院人才库，通过与“全国党员教育培训示范基地”——梁家河培训学院结对共建的方式，进一步拓展培训思路，拓宽培训渠道，提升教学科研水平；强化品牌宣传效应，与《半月谈》《南方》杂志等影响力大的官媒报刊、新媒体深度合作，共同发表学术报告、研究成果，探索成立新媒体微课堂、网上学术论坛，进一步擦亮农村基层党建学院品牌。

另一方面，打造“智库”服务乡村振兴。作为理论研究平台，学院将紧紧围绕习近平总书记关于农村基层党建的重要论述、农村基层党建的理论与实践、农村基层党建与乡村治理等领域进行广泛深入研究。同时，开展农村基层党建基础性、应用性、长效性研究，总结一批关于农村基层党建的可复制可推广的经验，提炼一系列农村基层党建的规律性认识，推动农村基层党建的制度化、规范化和标准化建设，为各级党委政府建言献策，成为名副其实的党建“智库”。

《江门日报》2021 年 6 月 7 日

广东省先进基层党组织、中共江门市新会区双水镇委党校支部委员会：

广东镇街党校的一面旗帜

黄绍侦 李霭莹

近日，中共江门市新会区双水镇委党校支部委员会（以下称“双水党校党支部”）获评“广东省先进基层党组织”称号。双水党校成立于1959年，先后6次迁址办学却从不间断，被誉为“广东镇街党校的一面旗帜”。

60多年来，双水党校党支部始终坚持“为农村培养合格党员”的办学方向，聚焦农村基层党组织建设，推动党员教育高质量发展，以组织振兴、人才振兴助推乡村振兴。

“我们依托党校成立了江门市农村基层党建学院，将串联三大校区，强化师资力量，打造党建智库，推动基层党建在产业、技术、人才等各个领域深度融合。”双水镇党委书记、镇委党校校长、镇委党校党支部书记吴志斌说。

两年集中培训3万多人次

“这辆自行车是当时23岁的入党积极分子张桂兰，为了能到党校上课，卖掉家里的小牛买的……”双水党校里，党员干部们正倾听着当地党史，聚精会神的表情仿佛看到当年情景。

目前，双水党校党支部共有党员 13 名，主校区设有校史展览室、现代化多媒体培训室、党员活动室等，配套党校公园、党建长廊和党群活动中心，在建江林、龙脊、新会陈皮产业产学园 3 个分校区，建成后可达到每天 1000 人的培训规模。

03 要闻

南方日报

奋斗百年路 启航新征程

追寻共产党员的样子

一辈子就在岛上做好一件事

广东省优秀共产党员杨方基

耐住寂寞 坚守海岛40年

执教三十载 甘做乡间“筑梦人”

扎根乡村 如师亦如母

扎根乡村小学廿六载 办果园补贴经费

广东省优秀党务工作者许洪周

希望孩子在家门口上学

广东镇街党校的一面旗帜

广东省先进基层党组织、中共江门市新会区双水镇委党校支部委员会

两年集中培训3万多人次

《南方日报》2021 年 7 月 17 日版面

“我们每年都会深入田间地头、企业一线摸查党员学习需求，听取办学意见。”双水镇党委委员、镇委党校副校长、教员薛颖洁说。

通过总结镇街党校教学规律，双水党校探索出党建类、农业类、经济类、专业类、群团类五大“套餐式”课程和“线上党校”教学课程，开展集中式、自选式、研讨式“三式融合”教学，并形成农村基层党员教育培训体系。

“讲师大多是专家学者、农业能手、职能部门人员，课程精准且实务性强，印象最深的是‘实战式’课堂。”党员干部莫炳灿在双水党校参与了党史学习教育培训班，他提及的“实战式”课堂，即模拟“征地敲不开门”“脱贫不想脱帽”等农村工作现实场景，学员角色扮演、临场发挥，提高其联系服务群众的能力水平。

守正创新，培根铸魂。双水党校党支部在镇内 39 个村（社区）、3 个“两新”党组织设立分教点，充分发挥支部党员先锋模范作用，为基层党员“送学上门”，切实打通基层党员教育培训的“最后一米”。

2019 年以来，双水党校已举办市内培训班 463 期，集中培训 35570 人次；承接省直和中直机关驻村“第一书记”、全省镇街党校管理人员培训班以及北京、浙江等地的省内培训班 18 期，集中培训 1535 人次。

组建智库 推广基层党建经验

干多干少不一样，村级党组织书记也有了“绩效”考核制度。今年年初，双水镇印发了《双水镇村（社区）党组织书记分级分档管理的实施方案》，率先试行村级党组织书记分级分档管理。这一创新举措，既助推“头雁”队伍提质增能，又激发乡村振兴内生动力。方案的出台，离不开双水党校党支部的“智力支撑”。

“支部党员在驻村工作中，发现由于薪酬保障机制不完善，农村‘头雁’的工作积极性下降。对此，我们发动全体党员进行走访调查，并初步形成农村干部分级分档管理的建议。”吴志斌说。

“做得好的升级升档，做不好的降级降档，各村（社区）既互相比拼工作进度，又彼此学习先进经验。”双水镇沙萌村党总支书记张长结说，实施村级党组织书记分级分档管理后，干部干事热情更高了。

咨政建言献良策，集聚发展新动能。双水党校党支部组建了由党员领导干部、“土专家”“田秀才”等组成的党建智库，大力开展基层党建课题研究，总结可复制可推广的农村基层党建经验，不断为地方党委、政府建言献策。同时，注重引领双水党校按省级以上农村基层党建学院的标准进行建设，进一步发挥师资和科研优势，为基层党建和乡村振兴孵化特色项目。

2019 年，双水党校教学经验《创新培训体系，扛起责任担当》获评广东省基层党建最佳创新案例奖；2020 年“头雁”工程获广东十大最具影响力农业农村改革案例；今年以来，双水党校党支部共组织召开党政咨询座谈 7 场，输出党建课题项目 16 个。

《南方日报》2021 年 7 月 17 日

新会区双水镇委党校党支部获评广东省先进基层党组织

守正创新为农村培养合格党员

黎禹君　江组轩

走进新会区双水镇委党校，能感受到浓厚的红色教学氛围，校史展览室、初心大讲堂、实战情景室、综合报告厅等功能室一应俱全。据了解，双水镇委党校党支部于 1959 年 3 月成立，现有党员 12 人。60 多年来，该支部始终初心不改，不断守正创新，坚持为农村培养合格党员。

近年来，该支部充分发挥好党校教育基地和理论研究作用，聚焦农村基层党组织建设，通过“四强化”推动党员教育高质量发展，推动基层党建在产业、技术、人才等各个领域深度融合，以组织振兴、人才振兴推动乡村全面振兴。今年，该支部被评为广东省先进基层党组织。

“双水镇委党校在基层党员教育方面发挥了示范作用，生动诠释了什么样的党员教育才能真正受欢迎，什么样的基层党校才能永葆生机。”市委组织部相关负责人说。

“党员送教”到田间进农户

双水镇委党校是全国成立最早的一批镇级党校之一，成立于 1959 年 3 月，62 年来从未中断办学，被誉为“广东镇街党校的一面旗帜”。

虽经过 6 次搬迁，但双水镇委党校党支部始终带领干部职工坚守党员教育主阵地。党校诞生于三年经济困难时期，物资奇缺，党员咬紧牙关，拼齐凑足了教学桌椅，开办了党校。20 世纪 70 年代末，因场地破旧，党校曾一度面临停办困境，但党员群众不答应，纷纷出钱出力，建成新教学楼，把办学坚持了下来。

2004 年，在双水镇党委、热心企业的支持下，建成了目前的主教学楼。其间，党员先锋模范作用得到充分体现，党校的管理人员、骨干教员都是党员，正是他们坚守“为农村培养合格党员”的办学初心，才使双水镇委党校得以延续，形成了宝贵的“双水党校精神”。历任的支部书记、校长带头讲党

要闻 A02

奋斗百年路 启航新征程

市领导暗访检查文明创建和疫情防控工作

筑起疫情防控“铜墙铁壁”

市教育局发布紧急通知，要求所有师生员工——

开学前14天务必返回居住地

严格控制开展大型活动

重点地区来（返）江师生员工分级分类管控

科学有序推动新冠疫苗接种工作

学史力行办实事 文明创建开新局

上半年江门“新时代好少年”候选人公示

新会区双水镇委党校党支部获评广东省先进基层党组织

守正创新为农村培养合格党员

“党员送教”到田间进农户

完善办学配套条件

大力开展基层党建课题研究

讴歌伟大建党精神

我市大力净化保健食品市场

保健食品行业专项整治行动开展以来，全市共查处违法案件10宗

《江门日报》2021 年 8 月 11 日版面

课，“党员送教”到田间进农户的办学方式，得到广大党员群众的认可。

一直以来，该支部坚持把农村党员作为重点培训对象，近年来与权威党刊《半月谈》进行结对共建，把脉农村党员教育事业发展，始终践行“双水党校模式”，并不断向全国推广。

完善办学配套条件

“双水镇委党校经历了许多艰难时光，看到它发展得越来越好，‘颜值’和内涵都有了很大提升，我感到十分高兴！”今年 70 岁的老党员戴荣就欣慰地说，“现在，这里还成为网红打卡点，每天都有不少党员干部前来参观学习，还有不少人前来拍照。”

在建党百年之际，我市依托双水镇委党校，成立了江门市农村基层党建学院。近期，还新落成了党校公园、党建长廊及党群服务中心等阵地，让双水镇委党校的办学配套条件更加完善，成为党员干部和群众学习休闲的好去处。

2018 年以来，在大抓基层鲜明导向、大力推进镇街党校建设的新形势下，双水镇委党校党支部抢抓机遇，大力推动硬件建设，积极谋划创新发展，让党校再次迸发新活力。目前建设有校史展览室、现代化多媒体培训室、活动室，配套公寓、餐厅，还不断扩大校区范围，在建江林、龙脊、新会陈皮产业产学园三大各具特色的分校区，建成后可达到每天 1000 人的培训规模。

同时，在双水镇内 39 个村（社区）设立分教点，充分发挥支部党员先锋模范作用，积极创新、精心策划、不辞劳苦，为基层党员“送学上门”。2019 年以来，已举办市内培训班 463 期，集中培训 35570 人次；承接省直和中直机关驻村“第一书记”、全省镇街党校管理人员培训班以及北京、浙江等地的省内培训班 18 期，集中培训 1535 人次。

开展“三式融合”教学

双水镇委党校党支部带领党员牢固树立质量立校的方针，每年组织教员深入田间地头、企业一线摸查党员学习需求，听取办学意见。紧贴教育学、心理学等学科发展前沿，形成一系列科学有效的教学方式。

其中，设置“套餐式”培训——开展集中式、自选式、研讨式“三式融合”教学，特色设计五大类“套餐式”课程，通过多样化形式提升党员培训的针对性和实效性，实现“1+1 ＞ 2”的叠加效应。开展“沉浸式”教学——精心设置“实战式”课堂，模拟“征地敲不开门”“脱贫不想脱帽”等农村工作现实场景，学员角色扮演、临场发挥，有效提升学员联系服务群众的能力水平。开设“线上党校”——打造符合基层口味的“指尖课堂”，围绕党史学习教育重点推出“党史天天读”等五大栏目，今年累计推送党史故事、历史人物等学习内容 60 多篇。

“我们将结合党史学习教育‘四大课堂’和五大‘指尖课堂’以及‘我为群众办实事’实践活动，切实把总书记重要讲话精神转化为推动党员教育高质量发展的生动实践。”双水镇党委书记、镇委党校校长、镇委党校党支部书记吴志斌说。

大力开展基层党建课题研究

双水镇委党校党支部注重引领党校按省级以上农村基层党建学院的标准进行建设，发挥师资和科研优势，组建由党员领导干部、“土专家”“田秀才”等为成员的党建智库，大力开展基层党建课题研究，总结可复制可推广的农村基层党建经验，不断为地方党委、政府建言献策，为基层党建和乡村治理孵化特色项目。

今年以来，双水镇委党校共组织召开党政咨询座谈会 7 场，输出党建课题项目 16 个。比如，支部党员通过走访调查发现，由于目前薪酬保障机制不完善，导致农村“头雁”的工作积极性下降，经组织研讨，形成了农村干部分级分档管理的建议。双水镇委决定结合该调研建议开展试点，推动形成“能者上、优者奖、庸者下”的考核导向，全面激发基层干部的干事创业活力。

《江门日报》2021 年 8 月 11 日

江门市农村基层党建学院正式揭牌

——推动基层党建深度融合　扩大侨乡基层党建品牌影响力

郑　琦

7月30日，江门市农村基层党建学院正式揭牌成立。未来，将进一步拓展江门市党员教育覆盖面，扩大农村基层党建品牌影响力，为农村培养更多合格党员、干部和乡土优秀人才。

百年大党栉风沐雨，百年事业踵事增华。依托双水镇委党校成立江门市农村基层党建学院，标志着江门基层党建再添一个颇具含金量的平台载体，助力江门提高新时代党全面领导农村工作的能力和水平。

当天，全国党刊红色教育基地揭牌仪式、中共延川县委党校与双水镇委党校党建共建揭牌仪式也同步举行。其中，全国党刊红色教育基地挂牌后，将充分利用党刊的理论传播优势，与双水党校强强联合，挖掘红色文化资源，创新红色文化传播、红色教育培训，打造基层党建文化新高地；双水镇委党校和延川县委党校的党建结对共建，则有望进一步实现双方组织共建、产业共促、阵地共创、成果共享，推动双水基层党建工作整体向更高质量、更高水平发展。

现场学院将整合市、区、镇三级资源

省委新一轮加强基层党建三年行动计划要求，各地要加强基层阵地建设，探索建立各领域基层党建学院，建好用好各级党员教育基地。江门市农村基层党建学院的成立，对江门继续深化基层党建工作具有重要意义。

江门市农村基层党建学院依托新会双水镇委党校成立。自 1959 年成立以来，双水镇委党校坚持办学 60 余年，源源不断地为广大农村培养了一批又一批优秀党员。

在揭牌仪式上，江门市委组织部相关负责人介绍，近年来，围绕打造辐射广东、影响华南的“农村党员教育培训基地”的目标，江门充分整合本地红色资源以及“党建 + 产业”“党建 + 服务”等农村党员教育资源，不断健全完善双水镇委党校的软硬件配套设施，不断提高教育教学水平，真正办出了特色、办出了成效，受到了好评，被誉为广东镇街党校的一面旗帜。

A02 江门观察 关注

全国第三批专精特新“小巨人”企业名单公示，江门6家企业入围

“小巨人”身后的“大支撑”

江门市农村基层党建学院正式揭牌

推动基层党建深度融合，扩大侨乡基层党建品牌影响力

1321个村（社区）全覆盖设立镇街党校分教点

《南方日报》2021 年 8 月 3 日版面

“站在新的历史起点上，我们重点依托双水镇委党校成立江门市农村基层党建学院，就是要认真贯彻落实新时代党的组织路线，狠抓党员教育管理工作条例、全国党员教育培训工作规划执行。”该负责人表示，接下来该学院将进一步拓展党员教育覆盖面，突出实践实干实效，让党员教育主阵地“强起来”，把红色教育资源“连起来”，把远程教育平台“用起来”，为农村培养更多合格党员、干部和乡土优秀人才。

江门市农村基层党建学院成立后，将充分整合市、区、镇三级资源，进一步提升党校软硬件设施，搭建农村党建理论研究、人才培养平台，推动基层党建在产业、技术、人才等各个领域的深度融合，不断扩大侨乡基层党建品牌影响力。

接下来，江门将以农村基层党建学院成立为契机，推动全市各级党校创新研究机制，继续致力于农村基层党建基础性、应用性、长效性研究，提炼出更多可复制可推广的农村基层党建先进经验，为党建引领乡村振兴提供坚强的组织保证和智力支持。

“我们将一以贯之加强基层党建工作，坚持把资源、管理和服务向基层倾斜，继续支持双水镇委党校扩容提质，支持江门市农村基层党建学院建好建强，全力打造辐射广东、影响全国的农村党员教育培训基地。”新会区相关负责人表示。

建言努力构建农村党员教育大格局

当天的活动还举行了党建理论研讨会，邀请省委党校相关专家和华南农业大学、华南理工大学等高校党建学者，以及全国党刊联盟成员单位代表等出席。会上，各方代表围绕“新时代党员教育方法载体上的守正创新”开展了主题研讨，大家为江门党员教育工作取得的实效给予了充分肯定，对如何依托双水镇委党校办好江门市农村基层党建学院提出了建议，精彩观点层出不穷。

“江门市的党建工作，尤其是农村基层党建工作做得很好，放在全省来说也十分突出。”广东省委党校原副校长、教授马星光认为，双水镇委党校和延川县委党校共同牵手，一起打造“升级版”的乡镇党校，有助于推动江门农村基层党员干部培训教育工作走深走实。

华南农业大学马克思主义学院院长、农村党建研究中心主任、教授张丰清认为，江门市农村基层党建学院的教学方法和手段一定要创新，把高大上的内容与接地气的方法结合起来。仲恺农业工程学院人文学院院长、教授曾秀兰建议，学院可以挖掘更多新会的本土文化资源，实现“党建+特色文化”，通过培养合格党员助力乡村振兴，推动乡村治理体系和治理能力的现代化，实现乡村善治。

“江门市农村基层党建学院，应该要有更高的追求，有更大的定位，努力构建农村党员教育的大格局。”在华南农业大学公共管理学院副院长、教授唐斌看来，除了要抓好教育内容、方式和载体，还应该完善党员教育效果评估，引入有经验的第三方团队，形成科学合理的对农村党员教育的评估指标体系，对农村党员教育的力度成效进行公开公正的调查评估，总结经验、挖掘亮点、寻找问题，努力打造成为具有华南特色的农村党员教育基地的一面旗帜。

马星光则建议，江门市农村基层党建学院要加强党史学习教育课程体系建设，不断提升农村基层党建学院的办学质量和水平，系统性地进行党史课程体系建设。“同时，结合地方性的特点进行深入挖掘，充分利用本地的党史资源，还要注意适应农村基层党员干部培训的要求，在教学中采用鲜活形象的案例，力求深入浅出。”

相关

1321个村（社区）全覆盖 设立镇街党校分教点

江门市农村基层党建学院依托一个镇级党校成立，并不令人意外。作为江门成立最早的镇级党校，近年来双水镇委党校不断升级改造，配套设施逐步完善，教育功能日益增强，相关办学经验被《人民日报》等主流权威媒体报道。

“双水党校为什么能够被誉为‘广东镇街党校的一面旗帜’？除了拥有62年的悠久办学历史外，该校在基层党员教育方面发挥了重要的示范作用。”江门市委组织部相关负责人认为，双水镇委党校之所以能成为全国典型，关键在于生动地诠释了“什么样的党员教育才能真正受欢迎”“什么样的基层党校才能永葆生机”等重要命题。

实际上，双水党校只是侨乡大力推进基层党建的一个缩影。

近年来，江门认真贯彻中央、省委的部署，坚持打基础、补短板，从党员教育对象的覆盖、党员教育阵地的打造、党员教育师资的建设、党员教育内容的供给、党员教育方式的创新等各个方面发力，构筑了一条较为完善的党员教育全链条体系。

其中，在党员教育对象覆盖方面，江门立足全员教育和分类施教，确保每个党员都能进党校，每年参加集中培训和集体学习时间不少于32学时；搭建三级党员教育师资库，全市建成成员达1900多名的市县镇三级镇街党校师资库；挖掘一系列本土特色教材，先后编著了《五邑红色印记》《周恩来在新会的七天六夜》《红色枣工学堂》等党员教育书籍；灵活运用创意式、沉浸式、模拟式、互动式等教学方法，探索出了基层党员喜闻乐见的“红色枣工学堂”“榕树下的课堂”“总有党员在身边”等党员教育品牌……

“特别是在党员教育阵地打造方面，我们构筑起了完善的教育网络。”江门市委组织部相关负责人介绍，针对基层党员教育缺少阵地和载体的现状，江门着力构筑起了以镇（街）党校为“主引擎”，以村级分教点和现场教学点为“支撑点”，以精品教育线路为“经络线”，依托信息化技术扩大“辐射面”的党员教育培训网络，点线面结合推动党员教育全覆盖、见实效。

据统计，2018 年以来，江门按照省的“六有”标准，充分整合资源，在全省率先全面恢复 73 所镇（街）党校设置。“同时，我们采用‘1+N’模式，依托村（社区）党群服务中心、党员活动室等场所，在全市 1321 个村（社区）全覆盖设立了镇街党校分教点。”该负责人说。

《南方日报》2021 年 8 月 3 日

广东镇街党校：有质有量打通“最后一米”

石静莹

经过几年的镇街党校建设，广东省有效地解决了市县党校覆盖有限，基层党员干部学习培训难、效果不佳等问题，形成了上下联动、覆盖全面的镇街党校网络，力求将镇街党校课程铺到“最后一米”。

广东镇街党校：
有质有量打通“最后一米”

经过几年的镇街党校建设，广东省有效地解决了市县党校覆盖有限，基层党员干部学习培训难、效果不佳等问题，形成了上下联动、覆盖全面的镇街党校网络，力求将镇街党校课程铺到“最后一米”

《南方》杂志 2021 年 4 月 12 日版面

在江门市新会区司前镇“榕树下的讲堂”里，村民们围坐在榕树下，听“名嘴”和“身边人”讲一堂特色党课，生动有趣的课程让这里不时地响起欢声笑语。

休渔期，在阳江市海陵区闸坡镇，闸坡镇委党校的党课被“搬到了”渔船上进行。通过党课，渔民们了解到党和政府对渔业未来发展道路的探索。

江门市新会区双水镇委党校中，高龄学员们仍旧会不时地回到这所创办了 62 年的党校，重温当年的课程。

……

近年来，经过镇街党校建设和基层党员干部教育的改善，广东省有效地解决了市县党校覆盖有限，基层党员干部学习培训难、效果不佳等问题，形成了上下联动、覆盖全面的镇街党校网络，力求将镇街党校课程铺到“最后一米”。

高屋建瓴统筹

2018 年，《广东省加强党的基层组织建设三年行动计划（2018—2020 年）》出台，加强乡镇（街道）党校建设为其中一项重要工作。

党校是培训轮训党员干部的主渠道，是党的思想理论建设的重要阵地，要进一步加强党员教育培训工作，就必须保证党校教学基础设施完备、运作高效。

省委组织部明确，各地要按照有领导机构、有学习场地、有授课老师、有学习计划、有规章制度、有经费保障的“六有”标准，进一步完善镇街党校办学机制，基本形成机构健全、师资充足、运转良好、保障有力，与省市县三级党校体系互为补充，与各级新时代文明实践中心相互衔接的镇街党校办学新格局。

为贯彻落实省委加强基层党的组织建设三年行动计划，广东省委组织部、省委党校等部门联合印发《关于进一步加强镇街党校建设的意见》《乡镇（街道）党校管理办法》，不断提高镇街党校工作制度化、规范化水平，把镇街党校打造成推动习近平新时代中国特色社会主义思想向基层延伸的重要阵地，对基层党员开展全覆盖培训。

镇街党校由市级党委组织部门面上统筹推进，县级党委组织部门采用“县管镇办”方式加强领导，乡镇（街道）具体落实各项筹办工作。目前，广东各地均建立了由乡镇（街道）党（工）委书记任校长、分管基层党建工作的副书记任常务副校长、其他党（工）委委员任副校长、镇街组织办负责日常工作的管理运行机制，解决了镇街党校“谁来建”“谁来管”“谁来运作”的问题。

全省已经建成 1626 个乡镇（街道）党校。

因地制宜建校

在落实培训场地方面，各地从镇街实际出发，按照“因地制宜、规范节俭、功能整合、一校多用”的原则，利用党员活动室、小礼堂等现有场地作为固定教学场所，活用党员远程教育点、镇街文化站等资源，配齐办学所需的教学设施，统一标识、标志，把镇街党校牌子挂起来、亮出来，就地取材落实培训场地，实现镇街党校正常运作。

江门市新会区双水镇委党校就是一个鲜活的案例。

从 1959 年挂牌成立至今，江门市新会区双水镇委党校已走过了 62 年历程。坚持独立办学不间断，为农村培养合格党员，被誉为广东镇街党校的“一面旗帜”。

双水党校是江门市成立最早的镇级党校，也是江门新会区目前唯一一所独立办学的镇级党校。

该校先后历经 6 次迁址，现址教学楼为 2004 年建成。2018 年完成了升级改造，教育功能进一步完备，开发了一系列针对农村党员、农村干部的培训课程，建起了公寓楼、酒店。除了抓好本地农村党员、入党积极分子等轮训任务外，现升格为江门市农村党员教育培训基地，为市内外各领域党员干部教育培训提供阵地。

近年来，该校对外承接各类培训任务量体裁衣、针对性强。理论教学方面，与中央党校、省委党校、华南农业大学等高校合作，建立高端专家师资库。现场教学方面，充分利用江门市本土红色教育阵地，如周恩来总理视察新会纪念馆、周文雍陈铁军烈士陵园等开展革命传统教育。

各地还主动将镇街党校进行延伸拓展，设立村（社区）分教点，方便了基层党员干部就地就近参加学习培训。

韶关市仁化县长江镇党校按照“因地制宜、规范节俭、功能整合、一校多用”的原则，利用政府六楼会议室进行办学，实行挂牌运作，名称为“中共长江镇委党校”。镇党校配备简便投影、电脑、音响、电子屏、远程教育等必要教学设备。

为保障师资力量，广东各地镇街党校由各市或县（市、区）党委组织部门牵头组建开放式的镇街党校师资库，以镇街党员领导干部为基础，上下兼顾、内招外聘，吸纳政治素质好、实践经验较丰富、理论水平较高的干部、实用技术专才、先进模范等。同时，邀请致富能手、“土专家”“田秀才”等各类专家人才“现身说法”，为基层党员、干部讲授致富经验和技术。

打造精品内容

基层党员职业多样，各地情况又不尽相同。通过制订精细化的学习培训计划，有序推进基层党员、干部全员轮训，为基层党员“量身定做”教程。

在办学定位上，各地坚持镇街党校是政治学校，是推动“两学一做”学习教育常态化制度化、筑牢“不忘初心、牢记使命”思想根基的重要平台。在指导思想上，镇街党校要坚持以习近平新时代中国特色社会主义思想为指导，教育引导党员增强“四个意识”、坚定“四个自信”、做到“两个维护”。

在职责任务和培训内容上，镇街党校把学习贯彻习近平新时代中国特色社会主义思想作为首要政治任务和教育培训“第一课程”，推动学习教育在基层落实落地，努力做到学深悟透、融会贯通。

为打造党员培训内容精品，广东实施“党员教育精品内容创建工程”。印发《全省“党课开讲啦”活动实施方案》，推动各地各单位结合落实党员领导干部讲党课、“三会一课”、主题党日等制度，深入联系点、党校、演播室、生产车间、田间地头等讲党课。

为进一步全面总结近年来大力推进镇街党校建设经验，聚焦解决镇街党校办学遇到的突出问题，广东省委组织部印发了《乡镇（街道）党校管理办法（试行）》，从办学定位、设置和领导机制、培训对象和内容、师资教材、学员管理、办学保障等方面提出务实管用的措施，着力提升镇街党校工作质量。

近两年，随着师资力量的提升和课程内容的丰富，党校工作质量也得到了数据的佐证：全省镇街党校共举办各类培训 22.5 万场次，培训基层党员干部 552.6 万人次。

《南方》杂志 2021 年 4 月 12 日

打卡双水党建长廊，领略双水文化故事

黄绍侦

近日，江门市新会区双水党建长廊顺利完成建设，正式投入使用。该长廊嵌入了丰富的党建元素和本地文化，并设置了各式休闲运动设施，成为党员干部和市民群众学习休闲的好去处。

双水镇委党校作为江门市农村党员教育培训基地，深化“广东镇街党校的一面旗帜”品牌效应，打造“双水党校—党校公园—党建长廊—党群服务中心”红色品牌圈，不断拓宽党建文化阵地，创新传播方式，推动农村党员教育走新走细。

其中，双水党建长廊全长500米，位于双水镇党建公园和双水镇党群服

图集｜打卡双水党建长廊，领略双水文化故事

记者 黄绍侦 2021-07-25 08:26

近日，江门市新会区双水党建长廊顺利完成建设，正式投入使用。该长廊嵌入了丰富的党建元素和本地文化，并设置了各式休闲运动设施，成为党员干部和市民群众学习休闲的好去处。

双水镇委党校作为江门市农村党员教育培训基地，深化“广东镇街党校的一面旗帜”品牌效应，打造“双水党校——党校公园——党建长

“南方+”2021年7月25日页面

务中心之间，沿梁家河而建，展示“双水红飘带”的品牌形象。长廊以“传承红色基因·讲好双水故事”为设计主线，共包含初心广场、使命广场、振兴广场三大板块内容。

不难看出，双水党建长廊每个板块的设计和宣传内容都各具特色——“听红色之声”初心广场介绍双水镇委党校60多年的发展历程；“寻红色之旅”使命广场展现党史、红色革命文化和党建文化；“传红色之意”振兴广场展示双水镇经济、交通、旅游、民生等领域的发展情况。

此外，双水党建长廊设置了100个“红枣”“青枣”形象，展现各行各业党员风采。不少红色景观还融入了本地文化，如双水山地风筝、双水龙舟等设计元素。

在配套方面，双水镇计划结合党建长廊景观引进新会陈皮、党建文创、文化休闲等产业，展示党建与生产经营深度融合的工作成果，着力打造吸引人、感染人、打动人、启发人的党建长廊，把党建软实力转化为推动经济社会高质量发展的硬实力，打造在全省乃至华南地区有影响力的农村党员教育培训基地。

“南方+”2021年7月25日

新会区双水镇委党校第七任校长谭群可：

真切感受到江门抓好党建工作的决心和干劲

黎禹君　江组轩

走进新会区双水镇委党校，初心大讲堂的钨丝灯、木桌椅、大黑板，似乎在对前来上课的党员诉说着过去的故事。

这所被誉为广东镇（街）党校“一面旗帜”的镇级党校成立于1959年。63年来，在党员群众齐心协力下，党校坚守“为农村培养合格党员”的初心，克服各种困难，坚持办学从未中断。第七任校长谭群可就是其中的见证者之一。

A02 要闻

市人大常委会组成人员
开展走访代表活动

全市政法系统深入学习《习近平谈治国理政》第四卷
打造新时代政法铁军

扎实推进完成改革工作

我市提升镇（街）综合执法效能
以前“看得见”却“管不了”
现在“看得见”还“管得好”

树立六种理念
切实有效提升城市形象

不断壮大产业链规模总量

新会区双水镇委党校第七任校长谭群可：
真切感受到江门抓好党建工作的决心和干劲

江门市公路系统
“十大最美公路”出炉

《江门日报》2022年10月13日版面

谭群可1987年起开始在双水镇委党校任教员。后来，时任校长工作有调动，镇党委便决定让他担任双水镇委党校校长。至此，谭群可成为双水镇委党校第七任校长，并由此开始了他为期 6 年的校长生涯。退休后，他一直牵挂着双水镇委党校的发展，经常向大家讲起“那些年”的党校故事。

在谭群可看来，不忘初心是双水镇委党校 63 年来乘风破浪、坚持办学的内核动力，而因材施教的课程、社会的支持与教员们的认真负责则是这所党校“随风潜入夜，润物细无声”的那场“春雨”。

过去 10 年，谭群可见证了双水镇委党校不断与时俱进，根据党的事业发展和时代需求不断创新办学方法，并于去年成立了江门市农村基层党建学院，建立起全方位培训体系，打造成我市农村党员的学习“殿堂”。

“未来，希望双水镇委党校围绕打造成立足广东、辐射华南、影响全国的‘农村党员教育培训基地’目标，不断健全完善软硬件配套设施，不断提高教育教学水平，真正办出成效、办出特色，办成全国一流的镇（街）党校。”谭群可憧憬道。

10 年来，谭群可还见证了江门激活全市 73 个镇（街）党校和 1300 多个村（社区）分教点，高标准建设都斛、塘口等镇级党校，打通基层党员教育“最后一公里”，党员教育工作抓得有声有色。作为“老党校人”，他欣喜不已。

“在风雨飘摇的岁月，老一辈党员干部栉风沐雨、筚路蓝缕，坚持 60 余年办好镇级党校，成为大家身边不忘初心使命，抓好基层党员教育培训的生动典型。”谭群可笑着说，“多年来，看到双水镇委党校不断迎来新变化，我真切感受到江门抓好党建工作，尤其是基层党建工作的决心和干劲。新时代呼唤新作为，期待江门党员教育、基层党建工作迎来新的面貌。”

《江门日报》2022 年 10 月 13 日

广东江门市新会区双水镇党校坚持办校 63 载培养农村党员

1959 年以来，广东江门市新会区双水镇党校（以下简称“双水党校”）始终坚守“为农村培养合格党员”的办校理念，主动适应不同历史时期形势任务要求，历经 63 载从未中断办学，连续 45 年对全镇党员开展集中轮训，有力推动了党的理论和路线方针政策在江门落地生根，被誉为广东镇街党校的“一面旗帜”。有关经验做法得到《人民日报》、新华社、《学习时报》、《中国组织人事报》等媒体宣传报道。

【背景】

新中国成立后，中央制定实施《关于轮训全党高、中级干部和调整党校的计划》，明确了各级党校办学要求。1959 年，广东省委批转了省委组织部、省委宣传部《关于一九五九年各级党校、干校政治理论教育工作的意见》，强调要切实把省委、地委、县委、公社党委四级党校办好。为落实中央及广东省委关于党校工作有关要求，1959 年 3 月，双水镇党校的前身——双水公社党校正式挂牌成立，当时的主要任务是提高公社党员干部的马列主义、毛泽东思想水平。“文化大革命”爆发后，双水公社党校被迫两次搬迁，很长一段时期与毛泽东思想宣传队合署办公。1977 年，中央印发《关于办好各级党校的决定》，双水公社党校办学逐步恢复正常，开始举办全公社党员大轮训。1988 年，广东省委组织部印发《关于加强乡镇党校建设的意见》，对乡镇党校的性质任务、办学方针、教学内容、师资队伍、管理制度等提出明确要求。20 世纪 90 年代，在市场经济浪潮的洗礼下，双水镇党校始终保持轮训党员的优良传统。党的十八大以来，双水镇党校聚焦学习贯彻习近平新时代中国特色社会主义思想这一首要政治任务，紧扣广东省委组织部、省委党校出台的《关于进一步加强镇街党校建设的意见》要求，按照有组织机构、有培训场地、有师资队伍、有培训计划、有管理制度、有经费保障的“六有”标准，以打造全国一流镇街党校为目标，不断丰富教学内容、创新授课模式、提升培训实效，再次迸发出新活力。仅 2020 年以来，双水镇党校举办市内培训班 574 期，集中培训党员 3.6 万人次；承接中直和广东

党员教育工作典型案例| 广东江门市新会区双水镇党校坚持办校 63 载　培养农村党员

共产党员 2022-12-16 18:03 发表于北京

背　景

共产党员网 2022 年 12 月 19 日页面

省直机关驻村“第一书记”、广东全省镇街党校管理人员培训班以及四川、江西等市外培训班 27 期，集中培训党员 2000 余人次。

【做法】

（一）在长期坚守中不忘办学初衷。一是坚持党校姓党，聚焦思想政治教育。63 年办学实践中，双水党校始终坚持正确政治方向，牢记为党育人政治使命。双水党校办学之初，只开设了政治学习和党的基础知识学习两门课程，政治学习以马列主义、毛泽东思想、党的重大方针政策等为主要内容，党的基础知识学习主要是学习党章和党的简史，两门课程各占一半时间。党的十一届三中全会后，针对一些党员认为“只要抓好经济工作就行了”的片面认识，双水党校在党员大轮训中大力开展思想政治教育，引导党员全面准确理解党的基本路线。此后，邓小平理论、“三个代表”重要思想、科学发展观等党的创新理论始终是双水党校开展党员培训的中心内容。党的十八大以来，双水党校将学习贯彻习近平新时代中国特色社会主义思想作为首要政治任务，纳入全镇党员轮训、各类专题培训等培训班的必修课程，不断提高党员的政治素质和党性修养。二是坚持为农办学，聚焦培养农村党员。双水党校立足“为农村培养合格党员”的办校理念，根据农村党员需求和特点开设培训课程。双水党校办学之初，只有肯学习、有上进心、能起带头作用的党员和干部才能被选中参加学习。1977 年开展党员大轮训后，双水党校注重按需施教、分类施教，特别是党的十八大以来，在充分调研农村党员需求基础上，打造了党建类、农业类、经济类、专业类、群团类等套餐式基础培训课程，进一步增强了培训的针对性实效性。同时，聚焦抓党建促脱贫攻坚、促乡村振兴等中心任务，总结提炼党建样本工程、乡村振兴成功案例，打造党性修养、党务提升、基层治理、乡村振兴、侨都赋能、技能素养等综合提升课程，不断提高农村党员综合素质。三是坚持立足实际，聚焦服务农村发展。双水党校立足不同时期农村基层实际开展培训，努力做到让每个学员都能够学有所获、学以致用，切实发挥先锋模范作用。20世纪70年代初，教员、学员来双水党校都随身携带农具，大家上午学习，下午劳动，晚上唱歌看电影，把党校所在地当成了双水的“南泥湾”。据双水党校第三任校长温耀全回忆，每期课程结束后，学员都会回到村里分享学习成果，助力农村整修水利、发展生产。党的十八大以来，聚焦地方农业产业发展，省、市、县、镇四级党校联合开发新会陈皮特色课程，以案例解剖的方式引导陈皮企业协作发展，带动新会陈皮产业链产值达145亿元。

（二）在传承革新中提升办学质量。一是整合资源强阵地，让基层党员“学有所依”。双水党校成立之初，在双水公社办学，仅拼凑些简单的桌椅用作教学场地。后来，由于学员增多、场地不足以及历史原因，双水党校先后搬迁到镇内山上的大圣庙、龙母庙和双水圩镇小学等场地办学，路程遥远、设施破旧，条件十分艰苦。2004年，在党员企业主大力支持下，建成了占地约4000平方米的新党校大楼，办学条件得到显著改善。2018年，广东实施基层党建“三年行动计划”，把镇街党校建设作为加强党员教育管理的一项重要工作，要求各地按照“六有”标准进一步完善办学机制、强化阵地保障。在市、区两级组织部门和两级党校支持下，双水党校按照“主校区＋分校区＋分教点”的思路，对党校阵地进行了新一轮升级改造。目前，双水党校建有校史展览室、多媒体培训室等基础教学场所，配套党建公园、公寓、餐厅和党群活动中心等，切实满足学员学习、食宿、活动需要；在建江林、龙脊、新会陈皮产业小镇3个特色分校区，建成后可同时组织1000名党员集中培训；在镇内39个村（社区）、3个两新党组织设立分教点，有效打通了基层党员教育培训的“最后一米”。二是配优师资促教学，让基层党员“学有所获”。双水党校成立之初，首任校长由双水公社管理委员会副书记担任，并配有6名公社工作人员作为教职工负责有关工作。20世纪90年代，双水镇党委强化对党校的组织领导，由党委副书记兼任党校校长，安排专人负责党校工作，吸收充实党校师资力量。党的十八大以来，双水党校在从镇内先进模范人物、党员领导干部、老党员老战士等各类群体中遴选兼职教员200

余人的同时，充分借助市、区两级共1700余人的开放式党员教育师资库师资力量，进一步充实了专兼职师资队伍。党的十九大后，由双水镇党委书记兼任党校校长，并安排不少于5名专职教员，确保了党校教学和管理队伍的稳定。党的二十大召开后，双水党校及时组织师资对二十大精神进行集中学习研讨，邀请省、市专家学者进行授课指导，举办驻村第一书记、村（社区）党组织书记培训班等班次，推动二十大精神切实在每个基层党员心中落地生根。三是创新课堂增实效，让基层党员“学有所悟”。双水党校能够坚持办学63年，始终受到广大党员欢迎，与其灵活多样、丰富实用的形式内容密不可分。20世纪60年代，双水党校教员将党的方针政策、党员干部的先进事迹等，编成双水民谣进行传唱；20世纪90年代，双水党校升级教学模式，每期培训开班前，组织教员们各定2—3个题材进行备课并安排试讲，由双水镇党委副书记、组织委员、宣传委员等对课程内容、讲授方式等提出修改意见，使课程更加鲜活、更接地气。党的十八大以来，双水党校探索打造“实战式”课堂，精心设定“征地拆迁”“农村环境整治”“邻里矛盾调解”等主题，让党员在“实战”中提升工作技能；创新运用“教师讲授+案例介绍+学组讨论+观点辩证+教师点评”的教学方式，让学员在主动思考、交流讨论的过程中进行“头脑风暴”，增强课堂参与度和互动性。同时，依托“江门先锋”“新会党建”“双水发布”等微信公众号，打造“线上党校”专栏，定期推送党内政策法规、党的历史、党务知识等学习内容，成为线下培训的有益补充。

（三）在砥砺奋进中强化办学保障。一是完善管理制度，实现常态运行。注重强化镇党委建党校、管党校主体责任，双水党校每一项重大工作均由镇党委会专题研究审议，日常管理工作由专人负责跟进。党的十八大以来，双水镇党委每年召开党委会重点研究党校教学培训工作，结合年度重点任务，制订每年培训计划、每月培训安排、每周培训课程，实施“每年一轮训、每月一小学”，确保每个党员每年培训学时不少于40小时，培训学时不达标的党员不能参与年度评优评先。建立课程评估机制，根据参训学员的意见建议，定期评估课程设置的合理性和学员对授课教师的满意度，及时调整课程和师资安排。此外，不断制定完善党校的办学制度、培训制度、管理制度等，为提升办学质量提供坚强制度保障。二是加大经费支持，实现稳定保障。江门市把双水党校的发展写入市委十三届七次全会报告，市委组织部将双水党校建设纳入基层党建“亿元保障计划”，每年安排不少于 100 万元的专项经费用于支持党校建设。2022 年，新会区委审议通过双水党校新综合大楼建设方案，双水镇党委每年安排不少于 50 万元用于党校运营建设。此外，充分发挥侨资源优势，积极发动侨资企业、港澳乡贤、海外侨胞等支持双水党校及党群服务阵地建设，为党校办学提供稳定经费来源。三是深化上下联动，实现有效带动。近三年，双水党校先后与《半月谈》杂志社、陕西延川县委党校等单位开展结对共建，承办《江门党建》杂志，建立党建智库，大力开展基层党建课题研究，总结可复制可推广的农村基层党建和基层治理经验。双水党校多项办学经验被采纳并作为制度成果，写入广东省委组织部《乡镇（街道）党校管理办法（试行）》。

【启示】

（一）坚持党校姓党是办好镇街党校的根本保证。双水党校在 63 年的坚守中，始终坚持党校姓党的根本原则，突出政治学校功能，把党校办成党委领导下开展党员培训的主阵地，源源不断为农村培养合格党员，对新会区和双水镇的发展做出了重要贡献。这启示我们，党校事业是党的事业的重要组成部分，办好镇街党校必须把坚持党校姓党贯穿于党校工作的各领域各方面，确保一切教学活动都坚持党性原则、遵循党的政治路线，明确党校办学定位及宗旨，时刻不忘为党育人，将镇街党校建成坚如磐石、风清气正的红色学府。

（二）凝聚各方力量是办好镇街党校的坚实支撑。双水党校在 63 年不间断办学历程中，不管在多么困难的时期，上级党委一直都保证党校有领导机构、有学习场地、有授课教师、有教学课程，为党校办学提供坚强后盾。党员在双水党校参加培训后，学有所获，理论水平不断提高，能力素质得到提升，因而更加坚定不移地支持党校工作。这启示我们，办好镇街党校离不开上级党组织和党员群众的大力支持，必须注重整合多方资源，以凝聚智慧和力量形成提升教学质量的强大合力，以实实在在的办学成效赢得广大党员群众的真心拥护。

（三）不断与时俱进是办好镇街党校的动力源泉。双水党校始终坚守“为农村培养合格党员”的办校理念，注重总结长期办学中形成的好经验好做法，不断紧跟党的事业发展和时代需求优化办学方法，综合运用理论教学、现场教学、案例教学等教学方式，打造“线上党校”，得到了不同时期党员干部的认可。这启示我们，办好镇街党校必须坚持与时俱进，主动适应党的事业发展和时代需求，创新思维、创新理念、创新机制、创新方法，不断提升教学质量和水平，增强发展活力和动力。

（四）践行学以致用是办好镇街党校的价值追求。双水党校办学成效体现在理论指导实践上，党员经过培训回到岗位后更有思路、更有号召力，在推动地方发展、助力乡村振兴中发挥了先锋模范作用。在党建引领下，双水镇全面筑牢基层党组织“红色堡垒”，成为江门地区经济发展最活跃的区域之一，近年来获得了“广东省乡村治理示范镇”“江门市基层党建示范镇”等称号。这启示我们，办好镇街党校必须坚持学以致用，通过久久为功、务实管用的党员教育培训强健党的“肌体细胞”，通过全面锻造新时代党员先锋队伍助推地方经济社会发展，以高质量党建推动高质量发展。

共产党员网 2022 年 12 月 19 日

让党员教育更有活力更有实效

——专家学者就如何办好江门市农村基层党建学院建言献策

李育蒙

今年 7 月 30 日，依托新会双水镇委党校成立的江门市农村基层党建学院正式揭牌。在当天举办的“新时代党员教育方法载体上的守正创新”专题研讨会上，市委组织部副部长、市委两新工委书记张学东做了题为《守正创新，抓好江门党员教育》的专题报告，来自华南理工大学、华南农业大学、南方医科大学、仲恺农业工程学院、南方党建智库的专家学者对江门党员教育工作取得的成效给予充分肯定，对如何依托双水党校办好江门市农村基层党建学院提出了宝贵的建议。

市委组织部副部长、市委两新工委书记张学东

守正创新抓好党员教育

党员教育是党的建设的重要基础工作和长期战略任务，党的十八大以来，江门认真贯彻中央部署和省委要求，守正创新，坚持打基础、补短板，构筑

A04　基层党建看江门

让党员教育更有活力更有实效

——专家学者就如何办好江门市农村基层党建学院建言献策

双水党校不愧是一面旗帜

守正创新抓好党员教育

党校办得好不好师资是关键

内容高大上和方法接地气相结合

构建农村党员教育大格局

"党建+文化"作为重要抓手

江门基层党建经验值得研究推广

注重挖掘用好地方红色资源

双水党校树立了三面红旗

农村基层党建学院助力乡村振兴

《江门日报》2021年8月2日版面

了一条较为完善的党员教育全链条体系：在党员教育对象覆盖方面，做到了全员教育和分类施教；在党员教育阵地打造方面，构筑起了完善的教育网络；在党员教育师资建设方面，搭建了三级党员教育师资库；在党员教育内容供给方面，挖掘了一系列本土特色教材；在党员教育方式创新方面，探索了喜闻乐见的教学模式。

新时代新使命，省委基层党建新一轮三年行动计划要求，加强基层阵地建设，探索建立各领域基层党建学院，建好用好各级党员教育基地。站在新的历史起点上，我们重点依托双水镇委党校成立江门市农村基层党建学院，就是要深入学习贯彻习近平总书记关于党员教育的重要论述精神，认真贯彻落实新时代党的组织路线，狠抓党员教育管理工作条例、全国党员教育培训工作规划执行；就是要进一步拓展党员教育覆盖面，突出实践实干实效，让党员教育主阵地"强起来"，把红色教育资源"连起来"，把远程教育平台"用起来"，为农村培养更多合格党员、干部和优秀人才。

华南农业大学马克思主义学院院长张丰清

内容高大上和方法接地气相结合

新时代党员教育如何守正创新？"守正"首先就是要确保党员教育的方

向要正。这个“正”来自哪里？一是多学党史，二是善读原著。其次是“创新”，在开展党员教育时，内容的高大上和方法的接地气一定要结合起来。理论要上得去，更要下得来，基层党校党员教育更要接地气。目前，传播方式十分丰富，传播载体也更多了，党员教育课堂也要活跃起来，不能光用传统的载体去做，比如，江门以枣工动漫的方式开展党建宣传、党员教育，这个探索就做得很好、很接地气。

仲恺农业工程学院人文学院院长曾秀兰

把“党建+文化”作为重要抓手

首先，江门物产丰富，文风鼎盛，在各个时代涌现了不少名人。办党校可以借助当地的优势资源，创新党员教育方式，把党校办得更为丰富、更有特色，把“党建+文化”作为创新党员教育方式的重要抓手。江门的文化，我认为可以概括为优秀的传统文化、红色文化、华侨文化、农耕文化，以及现代企业文化，要把这“五个文化”融入党校办学中。

其次，我们要“跳出党校看党校”，从政治性角度来说，党校要为农村培养合格党员，这既是一种手段，也是办学目的。我认为，还要通过乡镇党校推动和助力乡村振兴，提高乡村治理水平和治理能力的现代化，实现乡村善治。通过党校影响更多人投身乡村治理，发挥多元共治的效果；通过党员影响农民，将农民投身乡村振兴的主动性和积极性调动起来。通过乡镇党校的平台，把资源调动起来，把多元的参与主体调动起来，把乡村应有的功能发挥出来。这样，党校的效应就非常综合，发挥的作用就更大了，不仅仅是停留在“培养合格的党员”这个层面。

华南理工大学马克思主义学院院长助理周云

注重挖掘用好地方红色资源

在党员教育过程中要注重比较，很多观点通过比较就更为清晰。要通过横向对比、纵向对比，感受中国共产党为什么能，中国特色社会主义为什么好，马克思主义为什么行。从具体的方法来看，江门用红色影视作品、文艺作品开展党员教育的探索就十分有效，这样的方式党员喜欢，效果会更好。

在党员教育过程中还要注重完善、优化地方红色资源，广东改革开放的经验实在太多了，尤其要加强挖掘改革开放时期的红色资源。江门红色资源十分丰富，双水党校就是很好的例子。在参观双水党校过程中，我深受感动，双水党校 60 多年的历史本身就是很生动的教材。其展示的内容涵盖了四个历史时期，这就做得很好，给广大党员干部提供了一个很好的教育平台。

南方党建智库首席研究员黄曦

双水党校树立了三面红旗

南方党建智库是南方报业传媒集团落实党的十九大精神的重点项目，对我们来说，江门基层党建经验是很好的学习案例。这是我第三次来到双水党校，每次来都有一些新发现。双水党校办学 60 多年来，形成了一系列很好的经验。我个人认为双水党校树立了三面红旗：一是多年来坚持农村党员的全员培训，这是一个创举，非常难得，双水党校在这方面走在了全国前列。二是坚持办学超过 60 年，一直践行初心、担当使命。习近平总书记“七一”重要讲话中提出伟大建党精神，这在双水党校 60 多年的办学当中也有很丰富、很生动的体现。党组织坚持办校，党员热情也十分高涨，坚守阵地和理想，正是有着对党忠诚的态度，才能一直坚持那么多年。三是在新时代党员教育路上不断守正创新，在教学当中，把传统文化和本地文化紧密结合，这在双水党校也有很好的体现。

在助力新时代党员教育守正创新方面，我认为一是要守方向之正，党员教育教什么、基层党员学什么，核心主要包括两点：抓政治教育、抓思想教育；二是要守规范之本，基层党员教育要抓得更规范；三是要探索语境之新，共产党员除了铭记党对我们的恩情，还要铭记人民对我们的支持。在开展党员教育中，要围绕当前的中心工作，抓住重点，回应当前一些热点内容，满足不同人群的需求。

广东省委党校原副校长马星光

双水党校不愧是一面旗帜

江门的基层党建工作思路清晰、措施有力，令我印象特别深刻的是，每年省里安排的党建年度重点课题、自选课题，江门都积极响应并高质量完成，在党建理论探索和实践探索方面，江门也是走在前列的。

双水党校是农村党员教育培训阵地的典范，应该说在广东全省乃至全国都很罕见，不愧是广东镇（街）党校的一面旗帜。双水党校 1959 年开始办学，60 多年从来没有间断过，一直坚持对农村基层党员开展教育培训，很了不起，这充分说明了江门对农村基层党员教育培训工作几十年如一日的重视。当时没有硬性要求要办乡镇党校，但它一直在坚持，很难能可贵，非常值得点赞。

江门市农村基层党建学院的挂牌，对双水党校来说是一个提升。进一步打造升级版双水党校，提高党校办学水平，对农村基层党员的教育培训工作具有重要意义。它要追求更高的目标、更大的格局，因为它要辐射的不仅是双水镇，还有江门，将来还可能为全省乃至全国的农村基层党员提供培养教育服务，这是一个大格局的提升和飞跃。

今年是建党一百周年，在今后一段时期，党史学习教育将持续不断、广泛深入地开展，江门要做好党史教学课程体系建设，提高党校教学水平，一是打造系统性专业性的专题教学；二是结合地方特点，挖掘利用好江门本地丰富的党史资源；三是适应基层需求，针对教学主体设置课程，深入浅出。同时，我认为党史教学的目的和重点在于两方面：一是做好历史的比较与鉴别，获取历史自信；二是在获取历史自信的基础上，增强“四个自信”。

南方医科大学马克思主义学院院长任映红

党校办得好不好师资是关键

坚守 60 多年办学的双水党校令我深受震撼，党校设计别出心裁，案例教学和现场教学环节做得相当漂亮，一进去就让人沉浸在红色历史中。这是教学载体、方式的一次成功创新，效果显著。

作为一名老师，我觉得党校办得好不好，学员听了有没有收获，关键就在于老师，老师讲得好，学员听课就非常有收获。怎样让我们的党员教育更有效果，让党员爱听、想听，听了有收获？我认为要从五个方面去努力。

第一，教育者要有坚定的信仰。只有自己感悟到了马克思主义信仰的力量，讲课时才能感染教育对象。第二，人物传记是非常好的教材。去了解共产党员中涌现的灵魂人物，学习他们的红色故事，可以收到事半功倍的效果。第三，用理论的魅力去感染学员。中国特色社会主义为什么好？归根到底是因为马克思主义行，这里面有它自身的内在逻辑和魅力。理论的逻辑讲透了，理论就不再枯燥抽象。第四，用案例故事吸引学员，讲好中国故事，传播好中国声音。第五，创新授课形式，跟上互联网信息时代传播方式、思维方式和文化习惯的变革浪潮，让课堂教学方式多样化。

华南农业大学公共管理学院副院长唐斌

构建农村党员教育大格局

江门市农村基层党建学院的挂牌成立是江门在农村基层党建，以及乡村振兴战略方面的一个创举。江门市农村基层党建学院作为起点，应该有更大的追求、更高的定位，要构建农村党员教育大格局。

首先，党校要做教育培训，要将思想、精神、知识灌输给党员干部、积极分子以及先进群众，这是主要的工作。而要做好农村党员教育培训，一是协调农村教育培训的主体，分类施教；二是重视离退休的优秀老党员，让他们走进课堂，新老结对学习，创新教育方式；三是关注流动党员，通过多种方式让他们和党校保持联系，做到“离乡不离党”。

其次，我们在教育内容、培训知识方面，要把农民、党员、企业党员能不能听得懂、学得会、用得上，作为衡量课程体系是否合理的重要标准。

再次，要与时俱进。在教育方法上可以根据地方特色、科技发展趋势，做一些大胆创新。

最后，对农村党员教育工作形成科学合理的评估指标体系，有助于教育培训效果的提升，还可能会形成农村党员教育培训独有的江门标准、江门模式。

华南农业大学人文社会科学处副处长黄亚月

江门基层党建经验值得研究推广

我们是农业大学，与江门接触较多，特别是新会陈皮村，是由我校艺术学院的老师参与打造的。我们学校有 2000 多名教师专家团队，特别是农业方面人才济济，可以助力江门乡村振兴工作。

双水党校办得很不错，历史悠久、内容丰富、形式多样，并且跟实践结合得很紧密，很值得农村党员干部来学习。我觉得农村基层党建学院的根本任务就是培育基层党员，发挥农村“领头雁”作用，把领头作用发挥好，才会把广大的人民群众团结在我们党的周围，提升整个农村的活力。

江门的基层党建工作做得非常好，很多做法和经验都值得研究推广。作为高校老师，期待跟江门加强合作，把双水党校的研究推广工作做深做实。

市委党校党建研究室主任廖显辉

农村基层党建学院助力乡村振兴

我们实现了第一个百年奋斗目标，正向第二个百年目标“新征程”迈进，在这样的时间节点上，江门市农村基层党建学院挂牌成立无疑是为“新征程”插上了腾飞的翅膀，意义非常重大。

作为市委党校的老师，我在江门这块土地上的感触很深。江门400多万父老乡亲跟全国人民一起实现了全面小康，走出了四个有江门特点的扶贫模式：党建+基础设施建设、党建+科技扶贫、党建+产业扶贫、党建+消费扶贫。现在进入到全面振兴阶段，同样要发挥脱贫攻坚中积累的重要经验，发挥党组织、社会、市场、“摆渡人”、脱贫对象这五股力量。其中，“摆渡人”就是我们的驻村第一书记，他们把我们的群众渡到富裕的彼岸。这五股力量需要党建的引领，带领大家一起去做好这个工作。江门市农村基层党建学院挂牌了，就意味着舞台搭建起来了，能够助力江门更快实现乡村振兴。

《江门日报》2021年8月2日

第四部分

镇街党校“十问”

1. 镇街党校职责定位是什么?

镇街党校是全国党校系统的最基层组织，是基层党员教育培训的主渠道、主阵地，肩负着集中教育培训基层党员干部的重要职责，是服务基层党建工作的重要平台。

镇街党校的初心使命：为党育才，源源不断为农村（社区）培养合格党员

2023 年 3 月，习近平总书记在中央党校建校 90 周年庆祝大会暨 2023 年春季学期开学典礼上的重要讲话中对党校的“初心”做了清晰的阐释——“党校始终不变的初心就是为党育才、为党献策”，精准概括了党校因何而生、缘何而兴的初心和职责，为新时代党校事业高质量发展指明了前进方向。

党校因党而立、因党而兴、因党而强。1924 年 5 月，中国共产党第一次中央执委会扩大会议通过《党内组织及宣传教育问题决议案》，首次提出：“党内教育的问题非常重要，而且要急于设立党校养成指导人才。”根据这个决议，位于江西萍乡的安源党校于 1924 年 12 月诞生，这也是全国最早的地方党校、中国共产党创立的第一所党校。安源党校为党培养了一批革命骨干，学员结业后，有的被派送到苏联留学深造，有的被调往外地委以重任，有的

率众开展武装斗争，比如多位安源党校学员参加了秋收起义，跟随毛泽东、朱德同上井冈山，在工农红军中担任重要职务。

1933 年 3 月 13 日，为了“大批训练新的工农干部，以适应目前革命与战争的需要”，中共中央局、中华苏维埃临时中央政府、全总执行局在江西瑞金叶坪洋溪村共同创办了马克思共产主义学校，随中国工农红军长征到达陕北后，1935 年改名中共中央党校。在延安整风和解放战争期间，毛泽东从 1943 年 3 月至 1947 年 3 月亲自兼任中央党校校长，制定了“实事求是、不尚空谈”的校训，并且多次到中央党校发表重要讲话，大力推进党校事业发展。

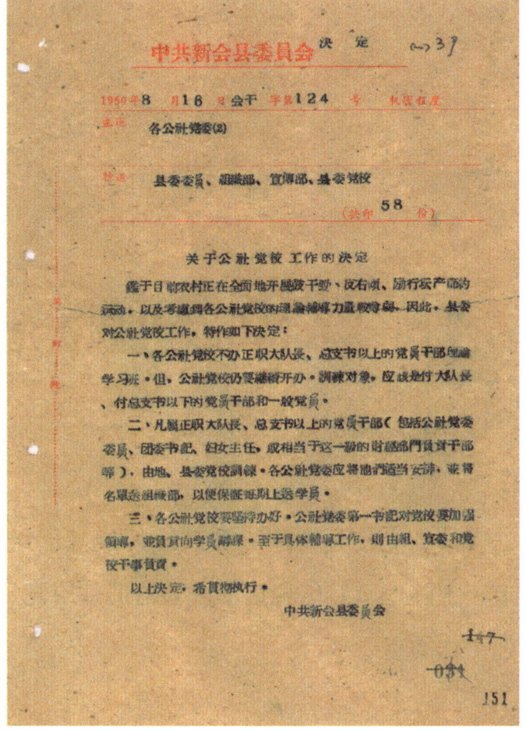
中共新会县委員会决定

1959年8月16日 会干 字第124号 机密程度

主送 各公社党委(2)

抄送 县委委員、組織部、宣傳部、县委党校

（共印 58 份）

关于公社党校工作的决定

鉴于目前农村正在全面地开展鼓干劲、反右倾、励行[illegible]产[illegible]约的运动，以及考虑到各公社党校的理論輔導力量較薄弱，因此，县委对公社党校工作，特作如下决定：

一、各公社党校不办正职大队長、总支书以上的党員干部理論学习班。但，公社党校仍要継續开办。訓練对象，应该是付大队長、付总支书以下的党員干部和一般党員。

二、凡属正职大队長、总支书以上的党員干部（包括公社党委委員、团委书記、妇女主任，或相当于这一級的財經部門負責干部等），由地、县委党校訓練。各公社党委应将他們适当安排，並将名單送組織部，以便保証每期上送学員。

三、各公社党校要堅持办好。公社党委第一书記对党校要加强領導，並負責向学員講課。至于具体輔導工作，則由組、宣委和党校干事負責。

以上决定，希貫彻执行。

中共新会县委員会

151

1959 年 8 月，新会县委印发《关于公社党校工作的决定》

1953 年 10 月，中国共产党第二次全国组织工作会议指出“党校工作必须大大加强，并应逐步走向正规化”。1958 年 8 月，中央召开党校工作会议。1959 年 5 月，广东省委批转了省委组织部、省委宣传部《关于一九五九年各级党校、干校政治理论教育工作的意见》的文件，强调要按照中央精神加强政治理论教学工作，切实把省委、地委、县委、公社党委四级党校办好。同年，新会县委印发了《关于公社党校工作的决定》，双水党校（当时名为“双水公社党校”）也就在 1959 这一年应时而生。

十年动乱期间，党校的工作和事业遭到严重的冲击和破坏。双水党校为

双水党校学习贯彻党的二十大精神党员轮训

了能够保证办学不中断，进行了两次搬迁，与毛泽东思想宣传队合署，克服各种困难，依然坚持办学习班。

1977 年 10 月，中共中央做出《关于办好各级党校的决定》。1979 年 12 月，党中央召开了第一次全国党校工作会议，进一步推动了党校教育的恢复重建工作，明确各级党校要加强对干部的定期轮训和培训。双水党校就是从这一年开始进行党员大轮训，每年把全镇所有党员都轮训一遍，这个做法一直持续至今。由此可见，双水镇党委对中央的决定和部署贯彻执行得非常坚决，落实得非常到位。

双水党校第三任校长温耀全谈道，“我们党创办党校的初衷就是教育宣扬党的理论与精神，保证每一名共产党人都成为合格党员”。60 余年来，双水党校成为培养党的干部的摇篮，培育了一代又一代的合格党员。1991 年，时任双水党校教员谭群可获得广东省委组织部、省委宣传部“优秀党员教育工作者”的表彰。

镇街党校的主要职责是为党育才，源源不断为农村（社区）培养合格党员；同时，也可以力所能及为党献策、当好智库。要大兴调查研究之风，迈开腿多到群众家中、田间地头、生产企业，真正到群众中去听实话、摸真情、悟真理，找准对策解决问题，这也为镇街党校宣传宣讲党的政策部署提供鲜活案例。近年来，双水党校在农村基层党建与乡村治理等领域开展了不少探索性的研究，组建了由党员干部、“土专家”、“田秀才”等构成的党建智库，大力开展基层党建课题研究，孵化出“村级发展五年规划建议”、“头雁”分级管理办法等多项乡村治理特色项目；先后与《半月谈》杂志社、南方党建智库、陕西延川县委党校等单位结对共建，参与出版《江门党建》杂志，承办了江门市党的建设研究会党员教育专题研讨会，加强与各界的交流合作；入选了人民论坛网主办的国家治理（基层党建）创新经验案例展示，多条办学经验被写入广东省委组织部《乡镇（街道）党校管理办法（试行）》。双水党校积极发挥了地方智库的作用，不断总结可复制可推广的农村基层党建和基层治理经验。

建好用好镇街党校是贯彻落实新时代党的建设总要求的重要内容

习近平总书记指出：“加强党的建设，首要任务是加强思想政治建设，关键是教育管理好党员、干部。”《中国共产党党校（行政学院）工作条例》明确要加强基层党校建设，其中第七条提出，“有条件的乡镇（街道）党（工）委，可以设立党校”。《中国共产党农村基层组织工作条例》第三十三条规定，“县、乡两级党委应当加强农村党员教育培训，建好用好乡镇党校、党员活动室，注重运用现代信息技术开展党员教育。乡镇党委每年至少对全体党员分期分批集中培训 1 次”。

从党校办学质量评估来看，有些地方党委不重视党校工作，党校的发展存在“说起来重要、做起来次要、忙起来不要”的问题，连县级党校办学条件都比较差，更谈不上镇街党校了。特别是有的干部认为基层从事的工作琐碎繁杂，一天到晚忙忙碌碌，工作对象是千家万户的朴实村民居民，在党校搞学习没条件、没必要，也没时间。对镇街党校缺乏认同感，致使有些村居党员甚至不知道有镇街党校的存在。

实际上，充分发挥镇街党校功能，在提升基层党组织组织力、加强队伍建设、加速事业发展等方面能起到“一箭三雕”的作用。

建好用好镇街党校是巩固和促进基层党组织建设的基础工程。党的基层组织是落实党的路线方针政策和各项工作任务的战斗堡垒。镇街党校是教育培训基层党员的政治学校，通过集中培训可以加强基层的组织建设，提高党组织的凝聚力和战斗力。毛泽东曾谈到党校的办学初衷：“我们办党校，就是要使我们同志的政治水平和理论水平提高一步，使我们党更加统一。”通过党校及时组织培训，可以让党员干部更好地理解党的理论和政策，形成共同的思想认识和行动方向，让大家心往一处想、劲往一处使、拧成一股绳。

同时，镇街党校也是增强党员身份意识的主阵地，是党性锻炼的大熔炉。在2015年的全国党校工作会议上，习近平总书记指出：“党校姓党，首先要把党的旗帜亮出来，让党的旗帜在各级党校上空高高飘扬。”党校姓党是党校的基因，与生俱来，浸润在党校的血液、细胞、肌体里。

“每次对着党旗宣誓，我心里总是充满强烈的光荣感、神圣感和使命感。”双水党校的学员在参加初心大讲堂后畅谈道。党校教育的开展，增强了党员的组织归属感和身份认同感，激发出党员按党章发挥先锋模范作用的自觉性。

镇街党校是“家门口”的党校，是县级党校的延伸，镇街党校的建设解决了党员培训工作县级党校管不过来，基层党支部又难以承担的矛盾。近年来，广东全面推进镇街党校建设，2018年已实现1626个镇街党校全覆盖，创新构建“横向到边、纵向到底、全面覆盖、形式多样”的基层党校网络，推动党员教育培训阵地不断延伸。

镇街党校是建设高素质干部队伍的主阵地。人才兴则事业兴，队伍强则工作强。《中共中央关于党的百年奋斗重大成就和历史经验的决议》中强调，“党和人民事业发展需要一代代中国共产党人接续奋斗，必须抓好后继有人这个根本大计”。培养造就忠诚干净担当的高素质专业化干部队伍，在进行伟大斗争、建设伟大工程、推进伟大事业、实现伟大梦想中具有不可替代的重要地位和作用。

如何为干部队伍强筋壮骨？《中国共产党党员教育管理工作条例》第三章对党员教育的基本任务做出明确规定，包括加强政治理论教育、突出政治教育和政治训练、强化党章党规党纪教育、加强党的宗旨教育、进行革命传统教育、开展形势政策教育和注重知识技能教育。

广东推动镇街党校按照“政治理论 + 党性锻炼 + 实用技术”模式设置课程内容，使理论教育更加系统深入、党性教育更加触及灵魂、能力培训更加精准高效，让党员干部掌握看家本领、提高党性修养、弘扬优良作风、增强干事能力。

另外，大力推行了“四必讲”机制，要求挂点联系乡镇（街道）的县（市、区）领导、从本乡镇（街道）产生的县级以上党代表、乡镇（街道）党（工）委书记、优秀驻村（社区）第一书记，每年到镇街党校做 1 次以上专题授课。

干部上讲台，必须有理论功底和实践经验总结做支撑，这既是一次以讲促学、系统学习的好机会，也是拉近与群众的距离，提高党员在群众心中威望的好平台。党员干部只有做出示范、做好榜样，大家才会跟着学、照着干。双水党校历任的支部书记、校长均带头讲党课，支部党员送教送学到田间进农户，得到广大党员群众的认可。

建好用好镇街党校是本地经济社会事业发展的“推动器”。党校培训通过政策宣讲、案例分享、交流研讨等活动，推广先进的经济社会发展经验和模式，服务好乡村振兴战略与基层治理效能，让党建工作与高质量发展相互促进。

“乡村振兴、农村产业集约式发展怎么搞，过去一知半解，现在有数了。”双水镇田心村“90 后”村支书林源杰举例道，“通过镇街党校案例学习和在陈皮村等分教点参观，对发展乡村旅游、特色餐饮等第三产业有了更多了解。如今村里搞起龙舟节、牛肉节、腊味文化节，搞活了乡村旅游，村民收入不断增长，村集体收入多了两三倍”。

双水镇桥美村委会干部参加乡村振兴专题培训班后，受到学习培训案例启发，发动党员群众将清拆整治后的闲置地改造为“小菜园、小果园、小花园、小公园”“蔗田绿径”等生态景观，廊道沿线、村容村貌焕然一新；与高校合作，引进先进的种植技术，走出特色种植的致富之路，打造出“桥美果蔗”品牌，2021 年桥美村（甘蔗）入选全国“一村一品”示范村镇。

双水党校邀请了政策宣讲团、致富能手、乡镇企业家等来授课，号召党员们发挥先锋模范作用带头致富，先进经验普及开后，双水镇一举成为江门首个工业产值超 100 亿元和财政一般预算收入超 1 亿元的“双超镇”，党员教育与地方经济社会发展合拍共进。

本文执笔人：谢颖文

2. 镇街党校主要培训对象有哪些?

《中国共产党党员教育管理工作条例》第二十条明确要求:“市、县党委或者基层党委每年应当组织党员集中轮训,主要依托县级党校(行政学校)、基层党校等进行。根据事业发展和党的建设重点任务,结合本地区本部门本单位中心工作和党员实际,确定培训内容和方式。党员每年集中学习培训时间一般不少于32学时。”《2019—2023年全国党员教育培训工作规划》中明确了各级党员教育培训的任务,“采取省级示范培训、市级重点培训、县级普遍培训、基层党委兜底培训的形式,开展党员集中培训”。组织基层的农村(社区)党员集中培训,是镇街党校的主体工作。

参照广东省关于镇街党校相关管理办法,镇街党校培训对象主要包括乡镇(街道)所辖村(社区)、机关、企事业单位、“两新”组织等领域基层党组织党员及预备党员、党员发展对象、入党积极分子等,根据实际需要,适当兼顾乡村工匠、种养能手、农技员、网格员等有关群体。镇街党校组织开展集中教育培训一般每两个月不少于1次,目标是每年教育培训基层党员全覆盖。

开展全体党员轮训是镇街党校办学的首要任务

《中国共产党农村基层组织工作条例》第三十三条规定:“乡镇党委每年

双水党校学员多功能活动室

至少对全体党员分期分批集中培训 1 次。”全员轮训是双水党校的一个教学特色。从 1977 年开始，双水党校就展开了对当地党员的全员轮训，并一直坚持到现在。

“我们一家几代都是党员，我爷爷、我爸爸和我都在双水党校培训过。墙上的这张照片，是当时我爷爷来党校学习留下的合影。”一名双水党校的年轻学员介绍道。正是办学不曾停息的坚守初心，成就了一代代薪火相传的佳话。

基层党员基数大、分布广、结构复杂，如何有效确保全员参训？那就需要讲究“天时地利人和”。

时间上错峰。对于农村党员，农闲时是培训的黄金期；对于社区党员，晚上、周末是很好的培训时机，不少基层党校利用“夜学”模式提高培训到课率；对于外出务工的党员，可以利用节假日、集中返乡期间开展培训。

地点上就近。镇街党校可以在有条件的村（社区、园区）设立若干分教点，打通党员教育“最后一公里”。双水镇设立了 39 个村（社区）、3 个“两新”党组织的党校分教点，并推行“线下六讲”的送课模式，即让教员到机关、农村、校园、社区、企业、群团讲课，特别是对年老体弱、行动不便的党员送教上门。江门市各镇街党校也结合地方特点，推出了在榕树下、在碉楼下、在凉亭下、在禾田上、在渔船上的别样讲堂，使党的最新声音传播到全市每个角落。

组织上人性化。清晰制订年度教育培训计划，搭配好“指定动作”和“自选动作”安排班次，运用喜闻乐见的教学形式，规范有序地进行学员管理，让学员对培训“心中有数、心有所盼”。双水党校每年都会发放办学需求问卷，收集课程需求，并以“党员大轮训——百日大练兵”行动为抓手，开展 50 期不同形式、不同主题的党员培训，以集中式、自选式、研讨式“三式融合”教学，贴合党员干部的实际需要，让教育培训成为真正的“红色加油站”。

重点抓好基层治理干部和入党积极分子培训

《中共中央　国务院关于加强基层治理体系和治理能力现代化建设的意见》中强调：“各级党委要专门制定培养规划，探索建立基层干部分级培训制度，建好用好城乡基层干部培训基地和在线培训平台，加强对基层治理人才的培养使用。”

火车跑得快，全靠车头带。村（社区）两委干部是基层治理的重要骨干，是地方发展的组织者和推动者。村（社区）干部队伍强不强，事关党在基层的执政基础，事关党的路线方针政策在一线的贯彻落实，事关广大群众对党和政府的信任。为建设一支守信念、讲奉献、有本领、重品行的基层党组织带头人队伍，就要重点抓好干部教育培训，围绕党的创新理论、党建工作实务、群众工作、基层治理等开展专门培训，提升基层干部治理能力。

双水镇近年来推出了“双动力”人才培育工程，其中的“双航双导”工程成效显著，“双航”是指“头雁领航、青苗启航”，其中“头雁”代表村党组织书记，“青苗”代表双水镇年轻干部，旨在提升“头雁”和“青苗”的专业能力和实践本领；“双导”就是由区、镇两级干部，驻村领导、驻片片长、驻村组长等组成导师团，通过配置双导师引领的模式，以镇街党校为载体进行系统化、常态化和有针对性的培训。培训内容主要围绕本地重点中心工作，设置了党性修养、党务知识、基层治理、乡村振兴、扫黑除恶、技能素养等模块培训课程，挖掘总结乡村振兴成功案例、党建样本工程形成学习素材和教学模本，打造了具有本土特色的“头雁”教学路线 15 条，逐步构建农村党员教育培训体系。

“太好了，终于有师傅了！”双水镇木江村村支书伍美浓跟着新会区委组织部的导师走访巡村，“师傅带着我，拜访华侨乡贤，动员周边厂企，筹得资金及物资近 20 万元，推动了村道硬底化改造、口袋公园建设以及村闸门口修葺等，为村的发展提供了很多新思路。”导师引领成长，头雁展翅腾飞，双水党校推出的“头雁”工程被评为“2020 年广东十大最具影响力农业农村改革案例”，获得省市有关部门点赞肯定。

发展党员工作是党组织建设的一项重要工程。入党积极分子是党组织进行有计划培训教育的人员，是党员队伍的后备军力量。抓好入党积极分子教育培养工作，从源头上提升党员纳新质量，是提高党员队伍素质的重要环节。

入党积极分子培训教育重点包括党章和党的基本理论、基本路线、基本纲领、党的历史、党性党风党纪、党的优良传统以及如何争取做一名共产党员等。根据实际情况，对他们进行业余的或脱产的政治理论和专业培训，培训形式可采用党课授课式、典型先进示范式、研讨谈话启发式等，还可以组织观看有关党的历史电影、戏剧和参加辅导性的主题活动。

双水党校每年都会举办入党积极分子培训班，除党校教员讲授党课外，还设置了观看先进典型教育片、抄写入党誓词、理论测试、发展对象代表发言等环节，开展有针对性和有感染力的培训，正确引导他们认识合格党员的标准和要求，扣好思想上的“第一粒扣子”。

根据不同领域和群体特点分类施教

镇街党校要根据培训对象的不同特点及需求设置课程，切忌“一锅煮、一般粗”，否则会使培训沦为形式主义，会让培训实效打折扣。《2019—2023年全国党员教育培训工作规划》针对不同领域和群体特点，对培训的侧重点也做了明确的要求。

在农村，重点围绕贯彻落实习近平总书记关于“三农”工作的重要论述、打赢脱贫攻坚战、实施乡村振兴战略、推进农业农村现代化开展党员教育培训。

在街道社区，重点围绕巩固党在城市执政基础、加强城市治理、服务社区群众、建设美好家园开展党员教育培训。

在非公有制经济组织，重点围绕贯彻党的方针政策、严格遵守国家法律法规、团结凝聚职工群众、维护各方合法权益、促进企业健康发展开展党员教育培训。

在社会组织，重点围绕坚持正确政治方向、有序参与社会治理、提供公共服务、承担社会责任开展党员教育培训。

双水党校从培训对象的需求端出发，设计了“党建类、农业类、经济类、专业类、群团类”五大类“套餐课程”，为学员提供“点餐式”培训内容，开展接地气、有人气的教育培训。

比如，对种养能手、农技员等，安排农业生产技术、经营管理、创新创业等涉农政策和技能培训，大力推进农村实用型人才培育工作。一名双水党校的学员表示，他前后参加了3次农业类的专题培训，短短2年，凭借培训课学到的知识，他将自己经营的新会柑种植基地从亩产3000斤直接提高到亩产8000斤，党校的课程为他带来了实实在在的专业技能。

对网格员队伍，定期开展践行为人民服务的宗旨教育和智慧网格、矛盾调解、安全隐患排查处理等业务培训，让网格员能够树立服务意识、妥善解决基层问题，发挥基层“前哨”作用。

对“两新”组织党员，把理论学习、现场观摩、业务研讨融为一体，促进党建与产业链、服务链、人才链发展同频共振，将党建引领转化为“看得见、摸得着”的生产力。双水发电厂党组织书记参加完“两新”组织党务工作者培训班谈道，“这次培训让我明白到只有不断丰富党建载体，把党建和促进业务发展深度结合，才能让党的声音在‘两新’组织中传得更快、更广”。

推动开放办学扩大辐射面和影响力

开放办学是提高党校办学水平的重要途径。《全国干部教育培训规划（2023—2027）》中，也鼓励干部教育培训机构开展区域协作交流，推动优质培训资源共享。

双水党校周边拥有优质的教学资源，既可在《刑场上的婚礼》主人公周文雍陈铁军烈士陵园汲取信仰的力量，也可在全国先进基层党组织北门社区体会服务群众的理念，还可到陈皮村实地了解小小陈皮带动近 200 亿元产值的奥秘。丰富的教学内容、完备的硬件设施、成熟的办学经验，使双水党校具备了承接大规模对外培训的条件和能力。

因此，除满足本地党员全员轮训外，双水党校还承办了各地、各领域的培训班，如广东省直和中直机关驻村“第一书记”培训班、广东省镇街党校管理人员培训班、江门市乡村振兴和基层治理专题培训班，以及黑龙江、四川、江西等来自全国各地的培训班次。2019—2022 年这 4 年间，累计举办对外培训班 130 期达 10142 人次，辐射带动了更广大的党员干部，让“广东镇街党校的一面旗帜”高举飘扬，让红色初心传递至五湖四海。

本文执笔人：谢颖文

3. 如何加强镇街党校制度化管理？

加强镇街党校制度化管理，实现镇街党校办学规范化、常态化是其内在要义。为贯彻落实好广东省委基层党建三年行动计划，由广东省委组织部、省委党校联合印发《关于进一步加强镇街党校建设的意见》(以下简称《意见》)，明确了镇街党校的办学机制。为能在2018年底实现全省镇街党校建设和基层党员干部教育培训全覆盖的目标，《意见》适时提出了“有领导机构、有学习场地、有授课老师、有学习计划、有规章制度、有经费保障”的“六有”标准。经过几年的探索，2020年，广东省委组织部全面总结推进镇街党校的建设经验，聚焦镇街党校办学遇到的突出问题，印发了《乡镇（街道）党校管理办法（试行）》，进一步从办学定位、党校机构设置和领导机制、培训对象和内容、师资教材、学员管理及办学保障等方面提出务实管用的措施，为镇街党校工作指明方向、树立标杆。加强镇街党校制度管理工作应从上述两份文件中汲取精髓，从镇街党校办学的顶层制度设计着手提升镇街党校工作的制度化、规范化和常态化水平。

一是需明确镇街党校的办学定位，坚持政治办校。在办学定位上，要强调镇街党校是政治学校，要充分发挥镇街党校在培训教育基层党员干部“最后一公里”的平台作用，推动学习教育在基层落实落地。贯彻党校姓党的工作原则同样体现在《中国共产党党校（行政学院）工作条例》中，其中第四

双水党校还原了 20 世纪 70 年代的教学课堂

条“党校（行政学院）工作遵循以下原则”中第一点就明确指出，“坚持党校姓党，把旗帜鲜明讲政治融入党校（行政学院）工作全过程和各方面，模范遵守党的政治纪律和政治规矩”。

坚持政治办学，对于双水党校而言至关重要。双水党校为何能坚持多年办学？曾任双水党校校长的温耀全和谭群可都不约而同地提到了“党委重视”。如果党委不重视，双水党校可能早就销声匿迹或名存实亡了。即便在20 世纪六七十年代经济最困难的时期，双水党校仍然能坚持办学，原因在于“党委仍然十分重视党校工作，不仅把最优秀的知识青年请来当我们的教员，且经济再困难也会准时发放教学费用，还亲自挑选教学用地”。正是党委重视，给予了双水党校继续办学的信心和力量。20 世纪 90 年代，当大多数乡镇党委片面关注地方经济发展而忽略对党员的教育管理，导致乡镇党校基本上名存实亡的时候，双水镇党委始终对党校关爱有加，与其他地方形成鲜明的对比。双水党校在建设中遇到问题就会向党委请示汇报，一提需求，党委就会帮忙安排到位，让双水党校人安心将更多精力投入到课程的钻研和教学中去。

二是抓好镇街党校的规范化设置，确保有领导机构。从机构设置上理顺镇街党校的职责分工、明确业务指导、确保有领导，是推动镇街党校工作有序开展的必要条件。当前，广东省《乡镇（街道）党校管理办法（试行）》明确镇街党校由乡镇（街道）党（工）委领导，接受县级以上党委组织部门和党校指导，校长由乡镇（街道）党（工）委书记兼任，常务副校长由分管党建工作的副书记或组织委员兼任，日常管理由乡镇（街道）党建工作办公室负责；同时，明确了镇街党校可以在村（社区、园区）设立若干分教点，切实规范分教点管理，做到送教上门。每年，双水党校都会对全镇近 5000 名党员进行全员大轮训。分教点建设方面，双水党校打造“1+N”培训教育模式，形成系统的培训体系，实现基层党员干部培训教育全覆盖。“1”指的是依托双水党校周边的资源、阵地，打造“双水党校—党校公园—党建长廊—党群服务中心”党建圈，“N”指的是 N 个分教点，涵括了双水党校在全镇 39 个村（社区）、3 个“两新”党组织设立的党校分教点，通过形式多样的授课方式，如分教点夜校、周末讲堂、送课到村等，有效打通基层党员培训教育的“最后一公里”，有力解决基层党员教育培训难的问题。

三是因地制宜完善办学条件，确保有学习阵地。学习阵地是基层党员干部培育教育的空间载体，是党校开展培训教育的必要条件。《乡镇（街道）党校管理办法（试行）》明确，镇街党校办学场所要按照因地制宜、规范节俭、集约整合的原则完善办学条件，办学场所布置庄重简洁，突出“党味”。当前，双水党校经过新一轮升级改造后，有 3 个可容纳超过 150 人的培训室，配套建设一个占地 23 亩的红色党建公园、1.5 千米的党建长廊以及超 2000 平方米的综合性镇党群服务中心，还有配套的公寓、酒店，成为集综合报告厅、会议室、研讨室、实战情景室、图书阅览室、红色舞蹈室、红色振兴公园于一体的现代化党校。不承想，如今现代感十足的双水党校曾六易其址，因地制宜地去解决基层党员干部培训教育问题。

四是制度建设先行，确保办学有保障。有规矩才能成方圆，有制度才能实现镇街党校培训教育事业规范化、常态化。双水党校坚持严以治校、严以治教、严以治学，构建“长效化”培训机制。落实人员工作制度、经费保障制度、培训考勤制度等，确保每年安排不少于50万元党校运营经费，每年办班不少于60期。同时，为防止教育培训表面化、庸俗化，进一步强化干部培训学习考核，双水党校建立培训结果反馈制度，为党员干部管理提供有价值的参考。双水党校把对全域党员分类管理作为基层党员干部培训教育的工作抓手，将党员分为在职党员、两新党员、离退休党员、无职党员、流动党员和困难党员六大类。根据不同类别的党员，实施不同类别的培训，真正实现精准化培训。

此外，师资库建设也是镇街党校办学质量的有力保障。双水党校在师资库建设中摸索出“双结合”模式，即基层讲师团与高端专家师资库相结合。一方面，从镇内先进模范人物、党员领导干部、老党员老战士、“田秀才”、“土专家”等各类群体中遴选兼职教员200余人；另一方面，充分借助市、区两级共1000余人的开放式党员教育师资库师资力量，进一步充实了专兼职师资队伍。此外，还与省内华南农业大学、五邑大学等高校合作，建立“全方位”师资库。双水党校探索出的“双结合”模式丰富了师资团队资源，有效满足了双水党校不同培训班次的教学需求。

本文执笔人：邬斌

4. 镇街党校如何激活理论武装的“神经末梢”？

党的理论创新每前进一步，党的理论武装就要跟进一步。镇街党校作为筑牢思想根基的“最后一公里”，要激活党的理论武装服务基层群众的神经末梢，坚持用党的科学理论凝心聚魂，把学习贯彻习近平新时代中国特色社会主义思想作为首要政治任务，巩固拓展党史学习教育成果，善用群众语言，让党的创新理论“飞入寻常百姓家”，在广大党员干部群众中入脑入心，生根开花。

突出理论宣讲的实践导向

激活理论武装的神经末梢，必须立足于人民大众的实践，必须最大程度彰显当代中国马克思主义的科学性、实践性，做到理论联系实际，用理论自身的内在逻辑说服人，用理论的魅力去感染人。

双水党校之所以能获得广大党员群众的支持，离不开理论指导实践的教学成效。一直以来，双水党校理论宣讲有着“接地气”的传统，党校坚持要求教员们多下基层。双水党校第七任校长谭群可曾这样回忆道：“每当到了备课的时候，党校的教员职工们便会根据当年党委的工作部署，结合上级提出的政治任务、工作要求、年度计划、要筹办的活动等，集中备第一次课后，再开展为期两周的下乡调研，回来汇集调研信息后，再进行二次备课，经党校商议讨论后报镇党委审批。”党校的宣讲既用马克思主义理论来武装头脑，又用调研得来的农村实际来指导实践，将建设中国特色社会主义落实到双水党校的课堂上。

“从理论到理论”的宣讲往往缺乏现实的关照，理论学习和具体实践不能有效衔接，导致宣讲在对“当时当地”的理性分析、批判、建构和引领中存在不到位的问题，不能给基层党员群众提供现实的理论智慧，反而会削弱马克思主义理论的说服力。结合实践的理论宣讲让理论落地生根，为基层党员群众实现“知其然”背后的“知其所以然”提供了具象的链接，从而真正感受到马克思主义的真理性和道义性。

如今的双水党校已形成“进门就是培训课堂，出门就是实践基地”的格局，注重理论联系实际，引导学员做到学思用贯通、知信行统一。双水党校课堂以“问题”为导向，把理论宣讲的“大主题”与群众密切关注和容易接受的“小切口”相结合。理论宣讲尤其关注发展经济、改善民生等热点、难

双水党校在校史展厅里还原了 20 世纪 60 年代的党校校门

点问题，勇于面对矛盾、分析矛盾、解决矛盾，注重理论宣讲的具体化、案例化，将本本上的马克思主义深入浅出地转化为指导实践的马克思主义。譬如，结合“双动力”人才培育工程，重点开发了基层党组织“头雁”和青年干部课程线路，内容直击镇党委中心工作的短板，设置党性修养、党务知识、基层治理、扫黑除恶、乡村振兴、技能素养、粤港澳大湾区政策等七大模块的培训课程，目前已形成具有本土特色的“头雁”教学路线 15 条。

双水党校尤其注重结合本地区的现场教学点和红色资源，在现场教学、案例教学中实现理论的活化，让基层党员和群众从根本上理解、认同马克思主义中国化的最新理论成果。其中，巴金笔下的“小鸟天堂”，成为践行习近平生态文明思想的活教材。新会陈皮是农业产业化最有代表性的案例，双水党校结合双水镇作为新会柑种植大镇的实际，开设新会陈皮精品案例现场教学。在新会柑种植田间、新会陈皮产业小镇现场讲解如何通过种植、加工、流通、仓储、金融，实现第一、二、三产业融合发展，“小小陈皮”发展成为近 200 亿元产值的产业，解决了农业增产、农民增收的实际问题。这样突出了实践导向的理论讲授，增强教学培训的针对性、感召力，使基层的党员和群众愿意听、乐意学，达到了“听得懂、记得住、用得上”的培训效果。

拓展授课形式的开放导向

推进理论武装向基层延伸，镇街党校必须以开放的态度对待理论的宣讲，用开拓创新的思维不断满足群众的理论需求。镇街党校要激发创新动能，坚持开放导向，立足实际，因地制宜地顺应当时当地的发展形势；各展所长，充分调动基层各方面的积极力量；整合资源，实现镇街党校理论宣讲全方位立体化覆盖。

双水党校非常注重突破传统课堂教学，拓展发挥小课堂教学的优势，结合基层实际丰富宣讲载体，让课程在基层更接地气。譬如，在双水镇 39 个村（社区）、3个“两新”党组织设立了党校分教点，以分教点的形式，把培训送到基层党员的家门口。针对人民群众的需求开展定制化的宣讲服务，双水等镇街党校探索建立田间课堂、榕树课堂等流动特色课堂，把理论武装送到了基层党员和群众的家门口，既盘活了镇街党校教学资源的“存量”，也扩大了人民群众参与的“增量”。这种针对性、灵活性强的“近距离”宣讲的小课堂教学，有效打通了镇街党校宣讲的“神经末梢”，更有利于深入群众、扎根群众，拉近人民群众与马克思主义理论的距离，吸引群众更有效地接受理论的滋养。

双水党校一直践行着理论宣讲的群众路线，当地一些老党员至今仍然对双水党校歌曲式宣讲方式记忆犹新。温耀全等多位时任校长曾与教员们一起，收集双水镇党员干部的先进事迹，与宣传队合编双水民谣，用和楼歌、东风调、曾坑山歌、卖鸡调和竹板小调等本地曲调，让党的政策和党员先锋模范的故事在双水广为流传。其中，《双水党员赞歌》最为流行。这首歌谣从双水党校曾经的校址大圣庙唱起：“双水有个孙悟空，插秧能手林叶基……”据介绍，当年，双水党校每年创作歌曲达20首以上。这种教学方式，受到了学员们的热烈欢迎，收获了良好的教学效果。在课间、晚上休息时，双水党校里处处是歌声。当地一些老党员回忆，在那些艰苦的岁月，能挺过那些年的难关，离不开党校为大家撑起的精神支柱。

如今，双水党校还创新探索了集中式、自选式、研讨式“三式融合”的教学模式，构建更加开放、更富活力的教学格局，以多元化的教学形式激发基层党员干部参加教育培训的积极性和主动性。以“自选式”学习为例，双水党校针对不同教学主体的特点，把理论学习和基层热点与小品践学、情景党课、实战学习、红色舞蹈、学员角色扮演等结合起来，探索更多适应时代发展的教学新模式。这种开放导向的互动式课堂让党的理论宣传“活”起来，让基层群众愿意听、听得懂，也听得进，在潜移默化中激活了理论武装的“神经末梢”。

践行授课语言的通俗导向

镇街党校正逐步实现党内教育向全体党员延伸，从集中性学习向经常性学习推进，把马克思主义基本原理和马克思主义中国化的最新理论成果化抽象为具体、化深奥为通俗。其培训对象是农村（社区）党员和群众，这就决定了镇街党校的授课语言必须实现通俗化。

毛泽东同志曾反复强调，要讲究理论宣传的艺术，从理论的“空中楼阁”中走出来，努力实现理论语言的通俗化，用“大众话”表述深奥的理论，才能让群众觉得理论真实可信，使广大群众对马克思主义理论产生亲切感和亲和力。马克思主义理论体系属于抽象思维，只有运用通俗化的群众语言，才能让农村（社区）党员群众一听就懂，才能让抽象的理论更容易被理解和接受。

一直以来，双水党校是一个连接党组织与群众的重要平台，将党的理论和路线方针政策通过通俗易懂的语言教给党员，再让党员回去传播给群众，是双水党校行之有效的办学模式。双水党校一直坚持践行授课语言的通俗导向，推广群众听得懂的“大众话”成为其理论宣讲的主要表达方式。探索将理论语言转化为准确、朴实、形象、幽默的大众语言，将科学的理论通过深入浅出的大众话讲明白、讲透彻，实现镇街党校课堂语言体系“接地气”。这样一来，理论宣讲在基层党员群众眼里不再枯燥乏味，通俗化的授课语言增强了基层党员群众在党校课堂的参与感，使人能够直白地领会到理论的逻辑，感受到理论的魅力，从而被广大人民群众发自内心地认可和接受，并更积极主动地运用到生产生活中。

双水党校在具体的教学实践中注重授课语言通俗化的同时，根据授课对象的特点倡导语言的本土化。本土化的语言不仅拉近了教员与群众的距离，也更有利于基层党员群众对理论的理解和接受。双水党校把本地“土专家”、“田秀才”、农村致富能手带头人等纳入师资库，为党校授课语言的本土化注入了多元新活力。从本地资源中挖掘有特色、有亮点的内容作为镇街党校本土特色课程，精选角度，以小见大，用本地话宣讲马克思主义中国化时代化的最新理论成果。考虑到很多农村老党员听不懂普通话，受到知识水平等条件的限制，对党的创新理论不容易理解掌握，双水党校因地制宜，发布了粤语音频“微课堂”，用粤语录制了习近平新时代中国特色社会主义思想系列课程进行宣讲。为适应年轻党员需求，党校在“双水发布”微信公众号上开设“线上党校”栏目，一键就可点粤语音频，让更多的党员群众听得懂、能领会、可落实。

激活理论武装的“神经末梢”，镇街党校既要守正，坚守马克思主义理论武装的科学性，确保党员教育的正确方向；也要创新，坚持理论宣讲的实践导向，拓展授课形式的开放导向，践行授课语言的通俗导向，将内容的高大上和方法的“接地气”结合起来，让镇街党校的课程真正做到启迪思想、净化灵魂、提高素质。

本文执笔人：颜舟

5. 教学方式方法上镇街党校有何创新之举?

镇街党校的角色定位、功能都与县级以上党校有较大区别。镇街党校处于基层党员教育培训的“神经末梢”，接地气是其鲜明特色。用双水党校第七任校长谭群可的话说，“理论来理论去肯定是不行的，基层党校一定要‘接地气’”。只有“接地气”，才能将基层党校的课程办“活”，提高教育培训课程质量的同时提升党员培训教育的实效性。20 世纪 70 年代，双水党校与毛泽东思想宣传队曾合署办公，受宣传队的启发，时任校长温耀全与教员们一起，通过收集身边党员的先进事迹、廉洁奉公等素材，灵活运用和楼歌、东风调、曾坑山歌、卖鸡调和竹板小调等本地曲调编成双水民谣，以传唱的方式让党的政策和党员先锋模范事迹在双水镇广为流传。其中，不少经典民谣传唱至今。

即便在乡镇党校大多名存实亡的 20 世纪 90 年代，双水党校仍坚持“为农村培养合格党员”的初心不动摇，在困顿中改革、升级教学模式，努力提升办学质量，成果凸显为“集体备课”。时任双水党校校长张福然以问题为导向，以教育培训效果满足组织需求、教学内容与教学方式得到基层党员欢迎为目的，进行了教学模式改革。在每期培训班开班前，他都会组织教员们选取两到三个专题进行备课，课程备好后邀请镇党委副书记、组织委员、宣传委员作为集体备课成员来听取试讲并针对课程存在问题给出修改意见，教员们听取意见后再对课程内容进行修改、完善。经过“集体备课”修改后的课程，变得更接地气，也更受基层党员的欢迎，有效实现教学质量提升。

自2018年广东省委实施基层党建“三年行动计划”以来，双水党校在原有基础上进一步探索出基层党员教育的全域党员分类管理模式和系统课程体系。

首先是全域党员分类管理。镇街党校的课程“接地气”尚不足以解决基层党员的教育培训所存在的问题，还要细分教育培训对象，根据教育培训对象的不同进行差异化培训，进而实现精准培训。双水镇以全域党员分类管理为工作抓手，将党员区分为在职党员、两新党员、离退休党员、无职党员、流动党员和困难党员六大类，根据教育培训对象的不同，从工作要求到培训内容都实现差异化管理，如面向镇里种植大户开展的“新会柑种植”系列课程，让农村党员听得懂、学得来、用得上，实现了全镇新会柑单位面积年产量同比增长达10%。而面向乡镇青年干部开展的则是“基层应急应变、基层复杂矛盾化解能力”系列课程，以切实增长年轻干部应急处突、化解矛盾才干为目的，使得青年干部在实际工作中成功化解多宗村民矛盾纠纷。

针对在职党员，以“线下”“线上”双结合的方式开展规范化的教育培训，实现党员教育培训系统化。“线下”的教育培训以实现“定向”培训为目的，根据在职党员的不同培训需求，结合双水党校每年度的党员教育培训计划，开展分级分类的对口培训。“线上”的教育培训以培育“自主学习”为目的，充分利用“双水发布”“线上党校”等平台，引导在职党员积极开展线上自学活动，培养在职党员养成自我学习的良好习惯。此外，党支部每周开展学习打卡活动，并在党员大会上汇报本月学习成果，通过规范化的支部活动强化在职党员学习的正向效果。针对无职党员，提供切实有效的岗前培训，解决无职党员就业难的问题。如提供剥柑皮技能培训，提高他们的谋生技能，根据新会柑的生长周期和相关柑普茶厂的用工周期，确定产业用工需求，真

双水镇委推行党员分类管理

正促进无职党员向“有职”转变。以全域党员分类管理为抓手的分类精准化培训，既提升了双水党校的课堂吸引力，又切实解决无职党员就业难的问题，可谓一举两得。

其次是具有双水党校特色的系统课程体系。双水党校的教员们深入田间地头、企业一线摸查党员的学习需求，结合镇街党校的办学规律，探索出了集党建类、农业类、经济类、专业类和群团类于一体的五大“套餐式”培训课程。通过“三式融合”，即集中式、自选式和研讨式的教学方式来实现“套餐式”培训，切实提高教育培训的实效。除了主场理论教学外，双水党校还推出“百日大练兵”、情景党课、“实战式”学习、农村党员夜校等众多适应时代发展的教学新模式。如“实战式”课堂，即在课堂中模拟现实的农村工作场景，如“征地敲不开门”“脱贫不想脱帽”等，学员通过角色扮演、临场发挥，亲身体验、感受现实农村工作会遇到的棘手情形，由授课老师对学员的表现进行总结点评，切实提高学员联系群众、服务群众的能力与水平。双水党校探索出的“课堂＋研讨”“体验＋实践”等教学模式，充分调动教育培训对象的积极性，发挥他们的主观能动性，通过实践教学、教学互动，让基层党员在“真枪实弹”中增长了处理基层事务的才干。

除了传统教学模式的变革外，双水党校还灵活运用信息技术手段，打造可看、可听、可感、可触的网上学习平台。镇党群服务中心配备智慧党建平台、体感互动区、智能答题机，将最新的党建信息、内容呈现给广大党员干部，方便广大党员干部随时学、主动学。为了进一步满足年轻党员的学习需求，双水党校在“双水发布”微信公众号上开设“线上党校”栏目，打造线上“指尖课堂”。只需在手机上点击，就可以开始自主学习。此外，为方便老党员更便捷地接受学习内容，因地制宜地推出了粤语音频的“微课堂”，并发布用粤语录制的习近平新时代中国特色社会主义思想宣讲音频，受到当地党员群众的一致好评。

目前，双水党校已形成“三融合”教学模式：即理论教学、现场教学加案例教学的模式。理论教学方面，与华南农业大学、五邑大学等高校合作，建立起高端专家师资库；市区镇三级党校积极联动，发挥市区两级的业务指导和师资支撑作用，满足不同班次的培训需求，实现培训效益最大化。现场教学方面，充分利用江门市内的红色教育资源、阵地开展现场教学，讲好江门的红色故事，如周恩来总理视察新会纪念馆、周文雍陈铁军烈士陵园等。案例教学方面，深入发掘地方乡村振兴、基层治理等具有典型代表的实践素材，有效激发学员的主动性、提高学员的参与度，运用身边熟悉的典型实践开发为教学案例，帮助学员举一反三，加深认识。其中，新会陈皮农业产业化的教学案例成为省市区镇四级党校联动合作的成功典范。

回顾双水党校教学模式演变的历程，不难发现，双水党校始终坚持以基层党员为中心、以问题为导向开展教研活动。“坚持基层缺什么，课程内容就讲什么，立足这个理念开展特色教育培训。”通过基层调研、座谈征集等多种方式，在了解基层党员需求的基础上，结合本地党员群众实际，设置了五大类“套餐式”课程。须注意，“套餐式”课程并不是一成不变的，而是会根据实际培训要求每年进行更新。年初，双水党校把征求意见表下发到各个基层党支部，由基层党支部代为发放给各个党员，征求每位党员的意见。意见表回收后，由双水党校进行分类，并结合上级要求和部门实际需要，拟定全年的“套餐式”培训课程表。真正将教育培训硬性要求与部门、党员的软性需求紧密结合起来，实现基层党员教育培训的“刚柔并济”，既能保证教育培训的质量，又能激发基层党员自主学习的积极性。

本文执笔人：邹斌

6. 如何打造本土特色课程?

镇街党校的培训对象是基层党员干部，根据他们的特点，结合基层的实际，打造接地气的本土特色课程，让他们听得懂、能领会、可落实，是党校工作者的重要职责，是发挥基层党校党员干部教育培训主渠道、主阵地作用的重要环节，那么，如何打造镇街党校的本土特色课程呢?

加强统筹协调，注重资源整合

打造镇街党校本土特色课程首先是集体行为，其次才是个体行为，必须坚持有领导、有组织、有计划、有步骤地开展，持之以恒，久久为功。

是立足本地资源，确定课题方向

本地的自然环境、历史文化、经济发展、社会治理等，只要有特色有亮点，都可以作为基层党校本土特色课程的课题方向。比如，双水镇是新会区面积最大的镇，是知名侨乡，旅居港澳台同胞及海外侨胞近10万人。双水党校一方面结合本镇特有历史文化资源，打造本土特色课程，例如“周总理视察新会的七天六夜”“双水党校坚持60载不间断办学的历史与经验”“双水优秀党员代表夏北浩的故事”“小冈香文化的发展和传承情况”等；另一方面围绕中心大局，推出高质量发展课程，围绕广东省委提出的“百县千镇

2023 年双水党校承办广东省委党校师资培训班

万村高质量发展工程”“绿美广东建设”以及江门市委“1+6+3”工作部署、新会区委“一园三中心”建设，持续打造党建类、农业类、经济类、专业类、群团类五大类套餐课程，通过“十大主体班”以及“头雁”专题培训班，探索沉浸式教学和案例教学，开发“双水镇文发农业种植场优质水稻新品种引进课程”“新会陈皮产业”等本土特色课程。又如，新会区大泽镇委党校打造的《大泽镇华侨华人家国故事》、司前镇委党校打造的“榕树下的讲堂”、罗坑镇委党校打造的“林锵云的革命精神”、古井镇委党校打造的“追寻总理足迹，踔厉奋发前行”“跟踪式服务，让流动党员教育管理实起来”、崖门镇委党校打造的“蔡李佛特色文化课程”“传承‘古兜战歌’”，都是立足本地实际、深挖本地资源的特色课程，受到学员的良好评价。

近年来，新会区着力构建具有新会特色的“1+3+N”课程体系，“1”指“习近平生态文明思想 + 新会小鸟天堂生动实践”专题课程，“3”指“总理足迹、陈皮产业、启超家风”三大特色课程，“N”指各镇街结合实际开设的本土特色课程，新会本土的三大特色课程得到省市党校的充分肯定和广泛好评，也得到各镇街党校的大力支持与密切配合。

二是个人自选课题，团队统筹安排

坚持专兼结合，即党校专职教师为主，兼职师资库成员为辅，按照“党员所需、组织所望、教师所长”的原则，在个人自选课题的基础上，团队进行统筹安排，对于重点课题则要组成重点课题组进行集体攻关，党校领导充分发挥指导作用。比如双水党校从成立之初就以党的理论、政策作为主要培训内容，培训的对象主要是党员、发展对象、入党积极分子，以 1962 年 4 月培训为例，学习的主题是“当前形势和任务、党员权利义务、怎样当一个共产党员”。1977 年 4 月至 6 月，双水党校连续举办 7 期学习班，对当时形势进行了分析，统一思想和行动。这些都是集体统筹安排课程。还有个人根据实际情况选定自己感兴趣、擅长的专题，比如双水党校教员张务南曾经讲授《共产党宣言》。1994 年担任校长的张福然对双水党校的教学模式又进行了改革和升级，他说：“每期培训开班前，我们会组织教员们各定 2—3 个题材进行备课，准备好之后，由镇党委副书记召集镇里的组织委员、宣传委员来听我们试讲两次，并给我们提供修改意见，修改后的课程更加生动有趣，也就更容易受基层党员们的欢迎。”

实践经验告诉我们，打造镇街党校本土特色课程，要坚持集体行为和个人行为相结合，可以考虑以“一年一重点”的思路逐步推进。比如，围绕党建引领高质量发展，2022 年双水党校重点打造课程“双水党校 60 多年不间断办学的经验与启示”；围绕乡村振兴之“产业兴旺”，2023 年双水党校重点打造“桥美村：果蔗之乡的甜蜜蜕变”等乡村振兴课程。

三是争取各方支持，不断提升档次

有时受各种条件的局限，自身也好，本级党校也好，难以发现自己所讲课程中存在的缺陷与不足，这个时候就特别需要借助各方支持。本土特色课程“追寻总理足迹，厚植人民情怀”经过专家评审后，针对评委提出的意见逐一进行修改，不断完善。比如在内容方面，删除相对散乱的东西，使之更加集中、紧凑；在课件方面，对插图、文字排列等进行了修改，使之更加简洁、精美。双水党校能够越办越好，离不开党的坚强领导。一直以来，镇党委对党校的工作十分重视，定期召开会议研究党校的工作安排与未来发展。20 世纪 60 年代至 80 年代，公社书记、副书记经常到党校了解情况、指导工作，亲自授课以支持党校的教学工作。双水党校定期组织学员开展小组讨论，邀请镇领导参与，倾听学员们在工作、生活中的困难，收集学员对党校发展的意见与建议。近年来，双水党校从镇内党员领导干部、先进模范人物、老党员老战士等各类群体中遴选兼职教员 200 余人，组建师资库，依托镇党建办，组建骨干师资队伍。此外，争取省、市、区各级支持，不断壮大师资力量，为提高党校教学水平提供有力支撑。

实践经验告诉我们，镇街党校要充分认识到自身在师资方面的不足，课程开发和课题研究要与上级党校或其他单位开展联合攻关。上级党校要加强对镇街党校的业务指导，利用优势资源进行精准化“帮”和“带”，切实有效提升镇街党校自身的教学教研水平。

广泛深入调研，精心打磨课程

调查研究是我们的“传家宝”，搞好调查研究是党校教师的基本功之一，建立在调查研究基础上的课程才有说服力。

一是针对所选课题，抓好调查研究

要把本土教学资源挖掘好、整理好、利用好，首先必须进行深入调研，必须掌握大量的真实事例、数据、细节。为挖掘双水党校的历史，利用好双水党校这张党建名片，双水党校组织人员深入采访曾在双水党校工作学习过的老校长、老教员、老学员，撰写文章《我和双水党校的故事》10 余篇，每年更新完善双水党校讲解词多次。为讲好“双水优秀党员代表夏北浩的故事”，多次实地调研走访，到夏北浩生前所在的部队采访，寻找夏北浩后代等，获取第一手资料。为打造“陈皮产业”特色课，省市区镇四级党校多次深入各镇街和相关企事业单位，通过实地察看、座谈研讨、个别访谈等方式，就新会陈皮产业的发展历程、经验做法、存在问题、对策措施等进行深入调研，收集有关新会陈皮产业的政策法规、文件资料等共计20多万字。“守正创新　奋楫笃行——双水党校坚守‘初心’ 60余年不间断办学”备课初始，收集了大量文字、图片、视频、音频材料，再从这些原始材料里筛选出有用材料进行细读、整理、分析，形成框架。

二是集体研讨交流，个人分头备课

经过深入调研，召开集体研讨交流会议，各人根据自己的认识和理解，畅所欲言，各抒己见。双水党校课程内容遵循理论联系实际的原则，将学习内容与上级的会议精神、方针政策和本地实际情况紧密结合。备课时，所有教员一起交流，查阅大量材料、引用诸多事例，相互启发提高；上课时，其他教员也在一旁听课；课后，教员互相点评指正，常态化总结经验教训，努力将下一堂课讲得更好。

党校教员张务南在日记中写道：“我当年讲课的内容是《共产党宣言》，为了备好这节课，我买了许多书籍，翻阅了许多资料，先丰富了自己的知识储备，才敢去教我们的党员同志。同时在课堂上，鼓励学员多动脑筋、轮流发言，结合自己的生活、工作经历去谈学习体会，因此当时学员们的学习自觉性很高。许多党员原来不懂党章党规，经过党校的学习后，收获满满，学习结束也舍不得走。”党员干部经过党校的学习，回到自己的岗位上能将党的理论与日常工作紧密结合，积极向群众宣传党的政策和党员先锋模范的故事，成为推动双水发展的强大力量。

三是持续打磨完善，提高课程质量

镇街党校本土特色课程一般时长不超过1小时，如果是微党课则一般不超过30分钟。篇幅短小、言简意赅的特点，决定了教师更需要端正态度，开动脑筋，精益求精。以“守正创新　奋楫笃行——双水党校坚守‘初心’ 60余年不间断办学”为例，为了剖析双水党校的优秀特质及其启示，从2022年3月至8月，收集资料、撰写讲稿、制作课件，反复打磨，最终成型，于9月录制讲课视频，参加江门市委党校精品课比赛。第一次录制60分钟，因未达到参赛要求，又重新修改讲稿、PPT，增加内容；第二次录制100分钟，讲课视频经市委党校专家组考评，最终获评江门市党校系统第五届精品课。

双水党校历史上，有很多受学员欢迎的优秀教员，他们态度端正，备课认真，敬业精神令人钦佩。比如，在电脑未普及的年代，老校长张朝活几十页的讲课稿，都是自己一笔一画写的，有时候一节党课能上两三个小时，上完课学员仍然意犹未尽，希望能够再听。老校长张福然虽然已离开教学岗位 20 多年，如今碰到曾经的老学员，他们还会竖起大拇指称赞张福然校长的课程。

《中国共产党党校（行政学院）工作条例》第二十四条规定："综合运用讲授式和案例式、模拟式、体验式等互动式教学方法，加大案例教学力度，推动案例库建设。"一般来说，教学方法上，镇街党校首先要用好传统的讲授式，根据培训对象和培训内容的需要，授课者从实际出发，量力而行，创新教法，可以探索开展案例式、模拟式、体验式教学。

新时代，双水党校结合实际，持续深化"党建类、农业类、经济类、专业类、群团类"五大类套餐课程，利用"互联网 + 党建"、农村特色课程、5G 情景教学、实战式学习等教学方式方法，打造线上线下一体化、云上党建资源共享的"智慧党建"新模式，为广大党员群众提供理论学习、社科普及、教育培训等五星级、多元化服务，凝聚红色力量、彰显红色功能。结合农村工作实际创新开展的"实战式"学习，采取临场"实战"体验、点评交流等方式，重点对基层党员干部接待群众来访、入户走访、化解矛盾等情景进行模拟和辅导，让干部在"实战式"课堂中，进一步提高处理应急事件、解决复杂问题的能力。又如，面向镇种植大户开展"新会柑种植"系列课程，提高了党建引领乡村致富的能力。

四是挖掘地方特色，用活本土教材

打造充满"泥土味、汗水味、人情味"的课程，编好用好党员教育培训本土特色教材，是提高党员教育培训成效的基础性工作。针对不同的培训对象，双水党校认真用好本土特色教材，比如认真用好江门市委组织部、江门市委党校编写的《习近平新时代中国特色社会主义思想学习读本（乡村版）》，以及《五邑红色印记》《红色枣工学堂》《新时代江门市基层党建创新案例选编》等本土教材；又比如，认真用好新会区委组织部和新会区委党校编写的《周恩来总理视察新会资料汇编》、《新会区党校系统党史学习教育文章汇编》、《新会区党校系统微党课汇编》以及《新会区党校系统现场教学点讲解教材》（第一、第二、第三卷）。双水党校还根据理论教学、现场教学、案例教学的需要，编写专门介绍双水党校历史、办学成效的小册子、口袋书。实践证明，针对新知识、新技能和依托本地优势开发特色课程，编写本地特色的党建教材、乡土教材、口袋书等，真正做到用本地的历史教育本地人，用本地的文化熏陶本地人，用本地的精神鼓舞本地人，是增强镇街党校党员干部教育培训针对性、实效性的行之有效的方法。

注重制度建设，构筑长效机制

镇街党校打造本土特色课程不能靠短期行为，不能“毕其功于一役”，而是要长期坚持，在建立健全长效机制上下功夫，主要可以从以下三个方面发力。

一是建立健全指导机制

江门市委党校大力推动市县镇三级党校体系化，强调县级以下党校要将党员集中培训作为重要任务，围绕乡村振兴、基层治理等重点内容开设特色课程，市委党校要加强对各级党校课程体系建设的业务指导。坚持每年开展全市党校系统“用学术讲政治”精品课评选活动，每年评选一批优秀调研成果、科研成果。实践证明，坚持上下联动、齐心协力推进特色课程体系建设对镇街党校履行职责大有帮助并能起到推动作用。

二是建立健全评价机制

建立健全镇街党校办学质量评估办法、教师绩效考核评价办法，无论是上级党校对下级党校的办学质量评估，还是本级党校对课程的考核评价，都要把打造本土特色课程摆在重要位置，作为重要指标进行评估考核。

三是建立健全保障机制

打造本土特色课程，要有人员、经费、场地等保障，要建立健全党校教师岗位考核评价制度、师资库成员和讲解员管理制度，充分调动党校系统教学人员专题讲授和现场讲解的积极性和创造性。同时，建立健全教学研究基地命名和管理制度、教育培训经费使用管理制度等，不断夯实打造本土特色课程的人力资源和物质技术基础。

本文执笔人：李红卫

7. 镇街党校的师资如何解决?

《中国共产党党校（行政学院）工作条例》指出，队伍建设是党校事业发展的关键。党校队伍建设的重点是教师队伍建设，要按照专职为主、专兼结合的原则，加强教师队伍建设。但是，与新的形势任务相比，与党校肩负的职责使命相比，目前教师队伍建设中依然存在一些短板弱项，特别是镇街党校大多没有专职教师，迫切需要通过外聘兼职教师补齐短板。然而，在外聘兼职教师的过程中，镇街党校却面临着“不知道请谁、请不动名师、请不到教师”等方面问题。

双水党校作为一所镇级基层党校，曾经也面临过这些问题。双水党校一直以来都配有几名教员，却要身兼数职，既当教员也负责管理，以前甚至还需要当生活委员照料学员生活。在面对六次迁址、师资缺乏、课程信息不足等艰苦困难的情况下，双水党校却能默默坚持办学 60 余年。如今的双水党校已构建起“上接高端师资，下接乡土教员”全方位的师资库，具体做法如下。

上下联动，解决“不知道请谁”的问题

广选“好师资”。江门市委党校为了推动师资库建设，每年分两次征集全市县镇三级党校培训班课程表，梳理兼职教师信息并整理为兼职教师师资

双水党校承办 2022 年江门市农村党组织书记培训班

库，下发至各县区、镇街，实现信息共享。各镇街党校也注重围绕党委政府中心工作和重点任务，通过在党校和高校教师中“聘”、在党政干部中“请”、在优秀党员中“挑”、在企事业单位中“选”、在先进典型人物中“找”等方式选聘优秀兼职教师。师资库成员围绕政治理论、经济发展、文化建设、社会工作、生态建设等方面进行授课，发挥理论学习、党性教育、党和国家大政方针宣传解读方面的优势作用，补齐补足了基层师资力量不足的短板。

聘准“智囊团”。“今年雨水比较多，有些树长势不好，我又不会分辨到底是正常的烂根还是得了黄龙病。”双水镇荫头村的一名村民对此发愁。柑橘树一旦感染黄龙病，轻则树势衰退，重则植株枯死，还会传染给周边的果树，严重阻碍新会柑的生产和发展。为此，双水党校联合当地农办部门邀请广州专家，给村民们上了一堂关于柑橘黄龙病综合防控技术的课程。专家们还下到田间地头，手把手教授村民们种植技术，有效解决困扰村民的问题。这是双水党校精准聘请高端“智囊团”解决当地问题的一个缩影。近年来，双水党校争取了上级党校的师资支持，并与华南农业大学等高校合作，组建了一批专家学者“智囊团”，围绕当地农村党建引领乡村振兴、依法治镇、乡村社会治理等重点工作调研宣讲、把脉开方。还依托江门市农村基层党建学院新平台，大力开展基层党建课题研究，总结复制可推广的农村基层党建和基层治理经验。

用好“行家人”。“如果聘请 10 个人，一天才能割 10 亩水稻。用收割机只需要两个小时就能把这 10 亩水稻收割完毕”，张永发正与村民做经验分享。张永发从事农机服务工作已有 13 年，他所在的双水镇文发农业种植场现已基本实现水稻生产全程机械化，带动一批农户共同合作促进生产。“我们电商卖东西就是卖图片，通过镜头让消费者感受水果水分丰富，原生态没打蜡。”这是鹤山市莱苏方舟电子商务有限公司总经理、五邑红商城电商平台负责人何娜在“融入湾区·她就业”公益计划上授课的情景。她还有一个身份就是双水党校聘请的电商讲师。何娜通过电商平台为基层妇女在家门口学技、就业、增收提供“一条龙”服务，帮助农户和基层妇女就业，助力脱贫攻坚，赢得了群众的称赞。他们都是双水党校组建的农村讲师团成员，由致富能手、专业技师和“土专家”“田秀才”组成，不定期深入田间、车间、榕树头、直播间等一线进行宣讲，打通基层党校教育“最后一公里”，真正发挥了本土优势，带动群众创收增收。受益于高质量的农村讲师团队伍，长期以来困扰基层党员干部的“征地中敲不开门”“脱贫不想脱帽”“农田连片流转农户不答应”等“老大难”问题，终于在这里找到了解决思路。

协同用力，解决“请不动名师”的问题

“没想到我们坐在村里，就能通过线上直播的方式听到‘金政委’的课。我们现在也成了人民大学的学生，以前想都不敢想。”双水党校参加 2018 年首期“江门干部大讲堂”的学员激动地说。该期“大讲堂”邀请了中国人民大学国际关系学院副院长、全国人大常委会研究室特约研究员、博士生导师金灿荣做“‘一带一路’倡议及其对国际格局的影响”专题授课，双水镇 60 余名党员干部通过“云课堂”同步参加学习。

党校“云课堂”是全市党校系统共享高端师资的创新探索，以江门市委党校的名义邀请高端师资，通过网络直播，把课堂送到基层各镇（街），从“面对面”到“屏对屏”的教学模式创新，让最基层的群众也能听到最高端的课程，解决了目前镇（街）党校“请不动名师”的难题。得益于“云课堂”模式，双水党校的学员听到了诸如中国工程院院士瞿金平，中国科学院院士陈光作，清华大学博士、中国大数据应用联盟人工智能专家委员会主任、云创大数据总裁刘鹏等多名专家学者的高水平讲座，学员直呼过瘾。

双水党校还用了共建共享这一招，与《半月谈》、《南方》杂志社、南方党建智库等机构共建，解决名师来源和技术问题。还与延川县梁家河培训学院（延川县委党校）结对共建，借鉴该院校在红色教育、红色资源、师资力量、干部培训等方面先进经验，全力打造辐射广东、影响华南的农村党员教育培训基地。

精准发力，解决“请不到教师”的问题

随着时代的发展，干部教育培训主题与内容也随之发生变化。市委、市政府的中心工作、重点任务不断调整，高质量发展、百千万工程、乡村振兴、网格管理、侨都赋能新工作不断更新，作为培训机构，党委政府的中心工作指向哪里，党校的培训主题就应该跟进到哪里，师资也就要更新到哪里。

《江门市镇（街）党校市级师资库管理办法》把每年对师资库进行一次动态调整列为刚性任务，确保师资库成员常用常新。双水党校将授课水平较高、基层党员群众普遍认可的各级师资及时纳入师资库，不断充实师资队伍；针对现场教学这种广受基层党员干部欢迎的教学形式，将现场教学讲解员也纳入师资库管理，补齐现场教学点的短板和弱项；对上榜不上课、确实不能发挥作用的人员，及时调整出师资库。

“一两陈皮一两金，百年陈皮胜黄金。”陈皮产业是江门市新会区乡村振兴的重要抓手。2022 年，新会陈皮全产业链总产值达 190 亿元，新会陈皮

位居“2022 中国区域农业产业品牌影响力指数 TOP 100”首位。陈皮产业的发展能够为江门市其他镇街，甚至全省、全国的乡村产业振兴提供重要参考。谁能把小小新会陈皮做成近 200 亿元大产业的特色故事讲好？谁能把新会陈皮融合第一、第二、第三产业的成功经验提炼好？为此，双水党校创新理念、转变思路，联动省市区镇四级党校，合力开发了“让农业成为有奔头的产业——江门新会推动陈皮产业高质量发展”案例教学课，该案例入选省委党校编著出版的《新时代广东创新实践案例（第二辑）》；打造了具有区域特色的现场教学品牌——新会陈皮国家现代农业产业园，并成功通过考察论证，成为省委党校首批挂牌的 17 个现场教学点之一。

与新会一水之隔的台山市都斛镇面临和双水镇类似的难题。作为土地资源丰富的大镇，都斛全镇耕地总面积达 8 万多亩，其中基本农田约 6.5 万亩，莘村、下莘村万亩水稻高产示范基地拥有“广东第一田”的美誉。作为台山大米的主产区之一，如何把台山大米继续做大做强，如何解决众多小农户干不了、干不好、干了不划算的问题，农业社会化服务是必经之路。如何让更多的农户了解、接受、推广农业社会化服务是当前亟待解决的问题，但都斛镇委党校老师却无法讲清楚、说明白。所以，他们由镇委党校牵头，联合市县两级党校，邀请台山市农业农村局、台山市供销社等业务部门，合力打造农业社会化服务专题课。该课程不但用于镇街党校向基层干部和农民群众宣传农业社会化服务创新做法，还广泛用于台山、江门两级党校的主体班，更多次登上华南农业大学教师实践研修培训班、云浮市中青年干部培训班等对外培训班次讲台，让“台山探索、台山模式”走出江门、走向广东。

本文执笔人：林楷贤

8. 如何培养好乡土教员?

乡土教员是一批识乡音、懂乡情、讲乡话、接地气的镇街党校教员。他们对党忠诚，有坚定的信仰、高度的使命感和事业心，肩负着引领党员干部思想、传输党的理论、培育基层本土人才的重任，为基层建设培养了强大的战斗力，为乡村振兴和美丽中国建设增添了智慧力量。

新形势下镇街党校承担的教育培训责任越来越重，大部分基层党校却面临师资不足的难题。江门市下辖 1330 个村（社区），共有 22 万名党员。市县两级党校专职教师本身任务就重，根本无法满足全市 73 个镇街党校的师资需求。江门地域广阔、有山有海，如台山、新会沿海的渔民党员们出海作业周期长、学习教育集中难，乡镇党员的培训工作存在不少“真空地带”。

双水镇是新会陈皮的主要产区之一，不少农民党员都想学习陈皮产业的相关课程，可惜的是，镇委党校既没有现成的课程，也没有专门的老师能讲授这项课程。这种情况在镇街党校屡见不鲜，新会小冈香制作、火画扇烙画等传统技艺，都斛大米、斗山鳗鱼、深井生蚝、海宴富贵竹等种养技术，水稻机收减损技能等农机技术都是党校教师无法讲授的内容。各级党校和高校教师的课程以政治理论教育为主，外聘专家又往往对本地的情况缺乏深入了解，而贴合本地实际的技术类、实践类的课程却恰恰是农民党员群众的所急所需。供给侧和需求侧的背离，导致镇街党校有老师却不会讲，农民群众想学却没课程。

“课讲得很高深，可是我没听明白”，“老师讲普通话，我们老人家听不懂啊”。一堂党课上，有些基层党员议论纷纷，也有不少人在发呆、玩手机，抬头率不高，这是镇街党校开展培训时常见的景象。因镇街培训对象多为农民或社区党员，不少人理论基础和文化素养不高。目前各级党校课程往往理论性较强，对于基层党员群众的学习能力而言难以吸收。不少教师上课的形式单一，且在江门这种方言比较多样化的地区，部分老一辈党员还存在听不懂普通话的语言障碍。教师讲课内容难入脑、形式难入心、语言难入耳，导致许多基层党员听不懂、不愿听，使党校的培训效果大打折扣。

镇街党校的师资困境呼唤着“乡土教员”的诞生。双水党校延续60余年来坚持党员教育不间断的优良传统，把本地“土专家”、“田秀才”、先进典型人物、农村致富能手带头人、镇委镇政府领导干部等都纳入师资储备，形成“乡土教员”师资库，解决了当地培训的“燃眉之急”。

教学是党校工作的核心，教员是课堂教学的主导者，必须按照政治坚定、

双水党校校史展览馆

素质过硬的标准选聘乡土教员，综合考察对党忠诚的政治素养和“能传真经”的业务素养，确保选好苗子。

近年来，广东省部署实施基层党组织“头雁”工程，选优配强基层党组织，选拔了一大批有情怀、有能力、有文化、有口碑的优秀党员担任村党组织书记，还积极引导动员社会组织参与乡村振兴，推动农村行业协会建设。这些基层党组织的书记和行业协会的负责人是基层工作中的骨干，他们经过各级组织的严格把关，也经受群众的满意度检验，工作作风和能力过硬，授课能力和授课意愿都比较强，他们就是乡土教员最好的“苗圃”。近年来，各个镇街党校注重从这个队伍中“选苗”“育苗”，诸如新会区新会陈皮行业协会秘书长李锦欢，新会区会城街道北门社区原党委书记杨炳华，开平市百合镇儒东村党支部书记、村委会主任胡桂影等一大批“头雁”“能人”都被吸纳为乡土教员，并慢慢成长为基层党校讲台上的名师名嘴。

台山市一直以来重视培养乡土教员并积累了丰富经验，注重精选苗子、严格把好入口关是他们成功的诀窍之一。在身份上要求够“土”，推荐的乡土教员必须来自镇村基层，识乡音、懂乡情、讲乡话，接地气；在政治上要求够“硬”，候选乡土教员首要条件是“政治思想好，党性坚定”，必须由所在的各镇街考察、出具推荐意见并加盖公章，把好政审关；在业务上要求够“精”，由市委党校教师对拟录取教员进行面试，考察他们的思想素养、工作经验和语言表达等乡土教员应具备的基本条件情况，然后才能录取成为乡土教员培养对象。

“干什么学什么、缺什么补什么”是党员干部教育的基本思路。学员到党校培训，既承担着组织需求，又承载着个人需求，抓住这两个核心内容，就抓住了党校培训的大方向，也就抓住了备课讲课的发力方向。

对于学员的需求，要做足调研。只有做好深度调研，精准把握党员干部的岗位需求和个人需求，真正做到“学员有所呼，教员有所应”，才能提升培训的实效性。只要“把准了脉”，“开什么方”的答案自然也就呼之欲出。一直以来，双水党校重视需求调研，坚持每年组织教员深入田间地头、企业一线摸查党员学习需求，听取办学意见，通过扎实的调研校准培训的方向。双水镇的银洲湖纸业基地，是广东省首批循环经济试点和国家第二批循环经济试点园区，聚集了亚太森博纸业、维达纸业、中顺洁柔等上市公司。根据产业人才需求特点，双水党校特意开设了“优化纸业产业集群　提升双水企业竞争力”“抢抓双碳发展机遇　促进双碳创新链与产业链融合”等专题培训班，助力提升产业工人队伍素养，有效对接高技能人才培养与产业需求。

对于组织的需求，要做好落地。镇街党校作为“最基层一级的党校”，要把中央的决策部署、地方各级党委的工作安排与本地的实践紧密结合。双水党校组织专职教师深入研究组织需求和学员需求，将其提炼为具体的课程题目，梳理出“党建类、农业类、经济类、专业类、群团类”共五大类“套餐式”课程，为教师备课提供了清晰指引。为了多讲“天线接通地线”的接地气课程，台山市也进行了努力的探索，他们通过组织全市镇（街）党校乡土精品课评选活动，选派台山市委党校骨干教师组成备课指导小组，指导乡土教员挖掘本镇街的特色资源和创新实践，准备了“林基路与伟大建党精神”“厚植银信文化，赋能高质量发展”“以‘海宴样板’探索乡村振兴的实践路径”等富有乡味土味台山味的课程，初步实现了“一镇街一精品”的特色课程体系。

乡土教员身份是“土专家”，一方面要“专”，以“正规军”的标准要求自己，不断提升授课的规范性；另一方面要“土”，用基层群众喜闻乐见的形式宣讲，时刻保持授课的通俗性。又“土”又“专”对乡土教员来说既是基础要求，又是极高标准，只有加强系统培训，才能让乡土教员讲好乡土课。

为了选优配强一支讲解员队伍，双水党校连续多年选派优秀乡土教员参加上级党校的师资培训。既学习教学方法论，比如“如何打造基层党校特色课程”“党性教育现场体验式教学方法研讨”，又进修本地特色课程，比如“新会陈皮产业链发展”“构建现代农业体系　推动农业高质量发展——以新会陈皮产业为例”等示范课程，还与其他乡土教员开展研讨交流，并登上讲台模拟试讲。通过“学思行”的闭环，显著提升了教学能力。经过系统培训后，双水党校的乡土教员给党员群众上课明显更受欢迎了，甚至还登上了“省委党校中青班”“省委党校省直处级干部任职班”等高端班次，为他们讲解双水文化、陈皮产业，并广受好评。

上级党校组织的系统师资培训，让零基础的“门外汉”也有站上讲台的信心和勇气，显著提升了乡土教员上课的规范性。在保持通俗性的路上，双水党校也一直在努力探索。

为了用乡音讲故事、乡话传真情，双水党校组织乡土教员打造了“粤语课堂”。“因为很多老党员听不懂普通话，我们还因地制宜，发布了粤语音频‘微课堂’，用粤语录制了习近平新时代中国特色社会主义思想进行宣讲。”时任校长刘国培说。除此以外，双水党校还以“音乐党课”的形式走进乡村基层，把党的精神谱成通俗歌谣，以“快板·快学”的方式唱响《党的二十大精神粤语快板歌》；用革命歌曲唱响党的历史，让群众在《没有共产党就没有新中国》和《灯火里的中国》等经典歌曲中感悟中国共产党的初心和使命。党的理论政策就这样化为乡音乡曲“飞入寻常百姓家”。

本文执笔人：林楷贤

9. 镇街党校如何开发现场教学点？

现场教学通过实地参观、参与互动和研讨交流等方式进行动态教学，将学员引入特定的教学情境中，为干部综合能力培养提供直接、生动、有效的课堂，成为党校提升干部培训质量的有效途径。党校是为党育才的重要阵地，党校的现场教学不能等同于一般的参观、游学活动，不能将现场教学简单地理解为“走一走、看一看、听一听、转一转”，或将现场教学看作常规课堂教学的放松和调剂，而要充分体现出现场教学在党校整体教学计划中所具有的不可替代的重要作用。特别要注意的是，相对于地市、县区党校来说，镇街党校在开发现场教学时要更加“接地气”，才能更好地服务于基层党员干部的教育培训工作。

双水党校积极挖掘整合本地干部教育培训资源，不断推进现场教学点的开发与建设，先后对全镇及周边党性教育、高质量发展、乡村振兴等方面可开发、可利用的现场教学资源进行了充分调研，联系党校教学实际开展综合研判，做深做实现场教学点建设、讲解词准备、讲解员培训等一系列工作，做到内容丰富、特色鲜明。具体要求是教学主题明确、有教案、有讲解员团队、有互动场地等。如泓达堂陈皮小镇，双水党校与企业就氛围打造、声光电配合、互动式体验等都达成共识，使学员通过现场教学点获得深刻体验，教学效果明显增强。

关注学员学习感受，积极融合多方智力支持

桥美村毗邻河海，灌溉水源充足，土壤肥沃，加上水运发达，种植黄皮果蔗已有 150 多年历史。2020 年，桥美村村干部在参加双水党校组织的乡村振兴专题培训班时，通过党校的陈皮案例课接触到专业化种植、标准化管理、多样化宣传等农业新兴手段给种植产业发展带来的好处。“我们村要深度学习陈皮产业的发展模式，打造桥美果蔗的特色种植致富之路。”村干部的课后感想引起了双水党校的关注。课后，双水党校教员与村干部深入探讨了桥美果蔗的生产技术、产量规模、销售渠道等发展前景，并决定以打造党校精品现场教学点为目标导向，充分发挥党校系统智库的资源，为桥美果蔗牵线搭桥，推动桥美实现产业振兴。随后双水党校积极联动区、镇职能部门，多次深入蔗田实地调研，推动桥美果蔗走上发展“快车道”。2021 年，在党校教员的带队下，桥美村与华南农业大学农学院作物科学技术系教工党支部党建共建，达成了“党建引领，校村共建，振兴果蔗产业经济”的党建合作签约，为提高桥美果蔗的品质与产量提供专业指导；还与华南农业大学专家团队达成合作共建果蔗生产基地协议，进一步提高果蔗的种植规模。

同时，为进一步提高桥美果蔗产业的效益，双水党校充分调动“田专家”“土秀才”及专家学者建言献策，推动桥美村党委大力发展黄皮果蔗农业产业品牌，引导他们注册“桥美果蔗”商标，树立起品牌意识。桥美村先后建设果蔗种植教学基地，打造果蔗文化展厅，举办“果蔗丰收节”，打造果蔗直播间，深化村企共建，不断推动桥美果蔗三产融合，擦亮“桥美果蔗”现场教学点名片。2021 年，桥美村黄皮果蔗收购价格每公斤高达 2.5 元，年产值约 5500 万元，全年集体经济收入超过 100 万元。2020 年 8 月，桥美村被评为首批省级“一村一品、一镇一业”果蔗专业村荣誉。2021 年 11 月，桥美村（甘蔗）入选全国“一村一品”示范村镇。

双水党校围绕学员需求，紧扣党建引领乡村振兴工作，牢固树立精品意

识，融合多方智库力量，将桥美村打造成为乡村振兴实训基地教学点，切实把现场变课堂，把经验变教材，把实践者变传道者，不断增强现场教学的针对性、实效性、优越性，进一步发挥乡村振兴示范和辐射带动作用。

围绕市区两级重点工作，积极主动研发课程

党建引领基层治理是近年来市区两级的重点工作之一。2020 年初，新会区在双水镇试点探索开展农村积分管理项目。考虑到萌头村村集体经济收入较高，民风淳朴、执行力强，有利于探索乡村治理的新模式、新方法，镇委将萌头村确定为先行示范点。

萌头村党总支部迅速响应，制定出台了《萌头村积分管理助推乡村治理实施方案》《萌头村积分管理评价细则》等制度。同时，萌头村进一步完善农村积分管理项目的软、硬件设施，建设萌头村农村积分管理中心，配套有奖品墙、荣誉墙、细则展示墙等，开通线上积分管理登记程序，形成线上线下全覆盖的乡村治理体系，通过积分兑换奖励，充分调动起萌头村群众参与疫情防控、人居环境整治等乡村治理工作的积极性。

经过一段时间的试行，萌头村在册党员平均参与率超 90%，在册村民平均参与率超 70%，形成党员带头、人人参与的乡村治理新局面，试行成效明显。于是，双水党校决定总结归纳出萌头村积分管理经验，纳入党校现场教学课程，在全区宣传推广。当时，双水镇沙萌村党委书记张长结在参加双水党校“百日大练兵”党员轮训时，现场调研学习了萌头村的积分管理模式后，对此深表认可：“萌头村的治理经验有很强的可参考性，非常符合我们本地乡村的发展需求，希望双水党校以后能多开发这样‘接地气’的现场教学课程！”回到村里，张长结也多次向双水党校、萌头村取经问道，引入了积分奖励的制度引导村民们参与村务管理，并创新推出“积分共享”办法，帮助困难群众实现“微心愿”，切实将党校学习成效转化为基层工作实效。

除了农村积分管理模式外，双水党校和萌头村持续深化探索乡村治理的

高质高效路径，先后推出“三融”议事机制、“书记工作室”、“民意会客室”等，不断丰富“党建引领基层治理”这一类别现场教学点的内容。

挖掘本土红色资源，赋能党员党性教育

双水党校充分利用本土红色资源优势，如讲好本镇“和记咸鱼铺”作为我党1939年至1949年间在上凌村的地下交通站，打通了当年谭江南岸的情报传递路线的故事，还重点发挥周边“新会劳动大学”等著名红色教育基地的作用。1958年7月1日至7日，日理万机的周恩来总理亲临新会深入调查研究和视察指导工作。在一周时间里，周总理轻车简从，艰苦朴素，忘我工作。他风尘仆仆地视察了新会劳动大学、五和农场、大泽五和村、棠下周郡村、古井官冲村、崖门古迹、会城镇、新会葵艺厂、新会农械厂、废物利用展览会、粮食工作展览会以及江门甘蔗化工厂等单位和地方。他冒着炎暑酷热，马不停蹄，转轴般地串农户、走田头、入车间、看展览，亲切地同150多名工人、农民、基层干部、科技人员、学校师生、医务人员、归侨侨眷、城镇居民等各阶层人士促膝谈心，同一万多名群众亲切见了面，细心倾听他们的意见，深入了解他们的喜怒哀乐，与群众一起谈笑风生、水乳交融。新会劳动大学的展览以70多帧真实生动的照片和原声录音，形象生动地记录了1958年周恩来总理亲临新会深入调查研究和视察指导工作的动人情景，图文并茂地展示了周总理无私奉献的共产主义精神、实事求是的工作态度，与人民亲密无间、水乳交融的高尚品质。双水党校借助市区两级党校力量，搭建新会特色的党性教育教学课程体系，形成市委党校林楷贤讲授的“闪光的足迹——周总理在新会的七天六夜”、区委党校李红卫讲授的“追寻总理足迹　厚植人民情怀”等精品课程，还邀请到周总理侄孙女周晓谨为特聘老师讲授“革命理想高于天——周恩来是坚守信仰的楷模”等课程，让学员受到了一次次深刻的精神洗礼。

江门市红色教育资源丰厚，拥有周文雍陈铁军烈士陵园、林基路烈士故

新会陈皮案例教学是省市区镇四级党校联动的成功案例

居等40多处省市级党员（党史）教育基地。双水党校在市区两级组织部、党校的支持下，充分用好这些优质教学资源，结合革命传统教育，打造出一系列富有特色的课程体系，满足各类型党组织和各单位开展红色教育的需求。

市县镇三级党校联动，打造高质量发展典型案例

新会陈皮闻名遐迩，并以“大基地＋大加工＋大科技＋大融合＋大服务”五大创新举措为抓手，走出了一条种植、加工、流通、销售、仓储、金融等产业融合发展之路。双水党校较早地将新会陈皮产业教学作为重点打造的现场教学点。经多方努力，新会陈皮国家现代农业产业园获评广东省委党校现场教学点。广东省委党校认为，新会陈皮案例课，是“省市区镇四级党校联动的成功案例”。

2021年9月15日，中共新会陈皮产业链党委挂牌成立，探索农民、合

作社、龙头企业“三联共建”机制，形成陈皮种植、加工、文旅流通三产融合格局。其中，双水镇的广东基达新会陈皮小镇产业有限公司、新会泓达堂陈皮茶业有限公司党支部是“链主”企业之一。2022年3月29日，在江门、新会、双水三级党校的努力下，江门市委党校牵头在新会陈皮产业小镇成立乡村振兴教研基地。通过陈皮产业链党委这一“红色引擎”带动，形成了“党建引领、产业链接、融合发展”的产业链党建格局。新会陈皮数字化溯源管理系统上线运营，全产业链营收超190亿元，新会陈皮跃居“2022中国区域农业产业品牌影响力指数TOP 100”第1位。

新会陈皮小镇党委、乡村振兴教研基地一成立，双水党校就积极挖掘陈皮产业小镇党建引领三产融合发展的经验，聚焦产教融合，将新会陈皮小镇产业链党建展厅打造为双水党校分教点、产学研基地，讲好陈皮产业小镇积极推动“药、食、茶、健、文旅、金融”全业态发展，做强质量价值品牌内核，做活潭江文化产业链线，做美陈皮水乡风情面、生态面、生活面，助力乡村振兴，擦亮新会陈皮国家地理标志产业这一亮丽名片。来参训的学员纷纷表示，有省委党校的陈皮产业案例课程做理论基础，又有新会陈皮产业小镇产业链党建展厅做现场教学，这一学习模式加深了他们对陈皮产业三产融合的理解，在推动高质量党建引领高质量发展方面更有方向、更有抓手，提高了干事创业的理论知识和实践能力。

关心外资企业发展，开发现场教学基地

习近平总书记指出：“非公有制企业是发展社会主义市场经济的重要力量。非公有制企业的数量和作用决定了非公有制企业党建工作在整个党建工作中越来越重要，必须以更大的工作力度扎扎实实抓好。”为积极响应党中央号召，自外资企业亚太森博（广东）纸业有限公司入驻双水以来，双水镇始终大力推进亚太公司开展非公企业党建工作，但受企业文化、管理模式、制度等因素影响，亚太公司起初并未对党建工作形成思想认同和价值共识。

后来，经时任双水党校校长刘国培多次上门动员，积极主动向该企业宣讲党的惠企惠民政策，进一步与企业建立信任，赢得思想认同。2018 年，亚太森博（广东）纸业有限公司党支部正式成立，由此拉开了亚太公司高质量党建引领企业高质量发展的历程。亚太公司党支部成立后，双水党校始终关心支持亚太森博公司党支部的建设发展与党员的教育培训工作，先后指导亚太党支部打造涵盖党员活动室、红色阅读角、休闲书吧、演播厅等多个功能区的党员活动中心，推动厂区党建公园、党建文化长廊的建设，定期组织开展非公企业党员专项培训，不断提高党员的先锋模范意识，鼓励党员在企业建设中争先进、创佳绩。

在双水党校的指导下，亚太森博公司党支部注重把管理人员和技术骨干发展成党员，发挥党员在各个部门的带动示范作用，并提出实行“三个结合”，即“降低经营成本相结合、提升产品质量相结合、提高效能建设相结合”的生产理念，不断推动造纸产业技术升级，增强企业核心竞争力，企业所生产的高档复印纸在中国市场占有率连续多年位居第一。2021 年，围绕“双碳”目标，亚太森博公司党支部持续勉励党员以自主创新提升产品技术水平，并于 2021 年 12 月 28 日，生产出全国首款碳中和复印纸产品，为行业树立了绿色标杆，成为制造业实现绿色可持续发展的先进案例。

本文执笔人：梁程虎

10. 镇街党校如何运用好现代信息技术?

信息化为干部教育培训带来了方式方法上的改变，使学习资源更丰富、学习渠道更便捷、学习方式更灵活，丰富了党员教育培训的形式和内容，通过数据化管理工具大大提升了学习效果和信息管理水平。党校作为党员干部培训的主阵地和主渠道，必须顺应信息时代发展的潮流，强化党校信息化建设。一方面，现代信息技术可以为提高基层党校教师素质提供重要的平台

双水党校校史展览室

和信息资源。基层党校在信息时代强化信息化建设，能够为提升党校教师的综合素质创设广阔的平台，为党校教师及时把握各项方针政策提供重要的保障。同时，强化信息化建设，能够帮助党校教师增强现代化信息观念和处理信息的能力。另一方面，现代信息技术可以改进和创新基层党校的教学方式，使基层党校的教学方式产生质的变革。以往基层党校的教员基本上都是以教材、教具、图表、黑板等手段进行教学，而信息技术多媒体教学设备的应用，让传统单调的教学形式变得多姿多彩，能够充分激发学员的学习兴趣，有效调动学员的积极性和主动性。

完善硬件设施，用好用活远程教育平台

双水党校不断完善办学基础设施，配置了智能电视、触碰式一体机等设备，每间课室均配有多媒体教学平台，以达到资讯更及时、学习更便捷的效果。

双水党校非常注重用好用活全国党员干部现代远程教育平台，每间教室及各村（社区）分教点均设有终端。农村党员是党组织同基层群众的接触末梢，是宣传解读党的重大精神的基层宣讲员，是贯彻落实党的各项政策的基层带头人。加强农村党员教育培训工作，不断增强农村党员素质，有利于提高党在群众心中的形象。2003 年初，党中央决定在全国农村开展党员干部现代远程教育工作，现已向机关、社区、学校、企业拓展，建成以中央和省市县四级播出平台为支撑，覆盖全国城乡的一体化网络体系，在宣传中央精神、提高党员素质、加强基层组织、服务人民群众等方面发挥了重要作用，成为传播党的声音的重要渠道、加强基层党员干部教育的重要阵地、推进党建工作信息化的重要抓手、服务党员群众的重要平台。目前，远程教育教学资源主要包括政治理论、政策法规、典型经验、市场经济知识、经营管理知识、市场信息、先进适用技术、农村卫生、计划生育、科普知识、文化体育等，内容涵盖经济、政治、文化、社会、生态文明和党的建设等各方面，制作形

式主要为电视节目、语音节目、计算机课件和数字媒体素材四种。双水党校利用这些网络资源，通过现代化、信息化教育形式，增强教育的吸引力和感染力。此外，通过问卷调查和走访等形式，了解党员的学习需求，由党员点播远程教育节目，及时调整播放内容，实行互动培训，大大提高学习针对性和实效性。

“线上 + 线下”，丰富教学资源

除用好党员远程教育平台外，双水党校还利用线上课程资源建立常态化学习机制，以互联网课程资源丰富和充实本地课程资源库。江门市委组织部、市委党校举办的“干部大讲堂”，就是以“短、平、快”的方式，邀请各领域领导、专家及时讲授新政策、新信息、新技能，并通过视频传播到各县（市、区）、各镇（街）党校，从而实现校际学习资源共享。

双水党校十分注重多媒体技术与线下教学相结合，将多媒体技术与党课相结合，创新“互联网 + 党建”、农村特色课程、5G 情景教学、实战式学习等教学方式方法，填补了传统教学模式的不足，教学内容针对性强、实效性高，增强了农村党员的学习积极性。把 AI、AR、VR 等先进技术融入党建学习课堂，让党员在“沉浸式”体验中提高教育效果。

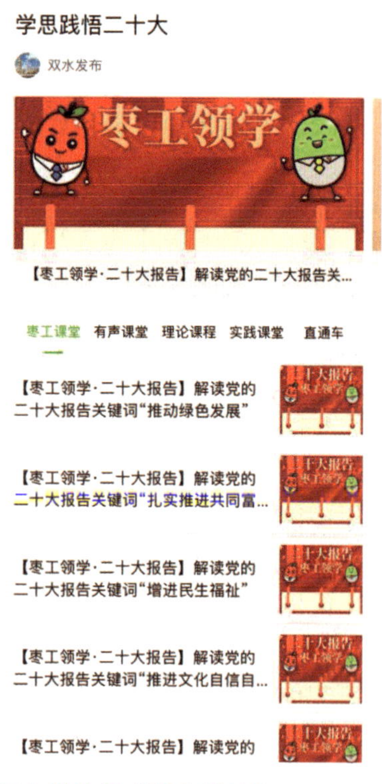

双水党校的“线上党校”

双水党校还依托“双水发布”微信

公众号，开设“线上党校”栏目，根据学习教育要求开发多种主题的“微党课”，与党内法规解读、党史知识、党务知识等多种类别的党员教育内容同步推送，建立起“线上＋线下”高度融合的一体化培训模式，实现精品课程、学习资源共享“屏到屏”“端到端”，成为线下培训的有力补充。在新冠疫情防控期间，双水党校“停课不停学”，学习内容既适时又接地气，深受基层党员干部的欢迎。“这种非接触式学习的方式，使大家通过学习交流发生了思想的碰撞，从而在防疫工作的‘实践课堂’中发挥先锋模范作用，实现党建引领全力推进防控工作。”双水镇萌头村党总支书记钟华许说。

探索智慧党校建设，提升教学质量

智慧党校是以物联网为基础的智慧化校园工作、学习和生活一体化环境，以各种应用服务系统为载体，将教学、科研、管理和校园生活进行充分融合。近年来，双水党校在智慧党校建设方面也做出了符合镇街党校特点的探索。

双水党校以《中国共产党党校（行政学院）工作条例》《2019—2023年全国党员教育培训工作规划》《数字中国建设整体布局规划》等党内法规和相关文件为原则和指导，以党校事业发展需要为出发点，以党校业务应用为落脚点，在课程研发、教务教学、学员管理、教学反馈等方面，充分运用“粤政易”App、“问卷星”小程序，增强本校教员间的互动以及各级党校间的交流，获取学员对每节课程的反馈，以帮助教员根据学员实际需要不断对其课程内容进行丰富和完善。“粤政易”App中所提供的“粤听悦学”“广东网院”“数字政府课堂”“红讲台”“红色粤建”“南方＋”等学习培训子平台，让镇街党校教员在备课过程中可以紧紧围绕省委工作部署和市委工作安排，让课程在“接地气”的基础上，帮助学员提高政治站位、打开工作视野。“现在，信息技术应用在双水党校的方方面面。特别是‘粤政易’App，让我们可以便捷地找到各级党校的负责人和教研人员，让彼此之间沟通更高效。另外，备课过程中，我们还经常通过‘粤政易’发送教学课件到各级党校和各基层党组织，及时询问他们对于课件的看法和建议，不断优化完善教学内容，我们的教学质量也能更上一层楼！”双水镇党委副书记、双水党校常务副校长陈德斌感慨道。

本文执笔人：梁程虎

我和党校有个约定

——中共江门市新会区双水镇委党校校歌

作词：韩东辰
作曲：韩东辰

1=E 4/4

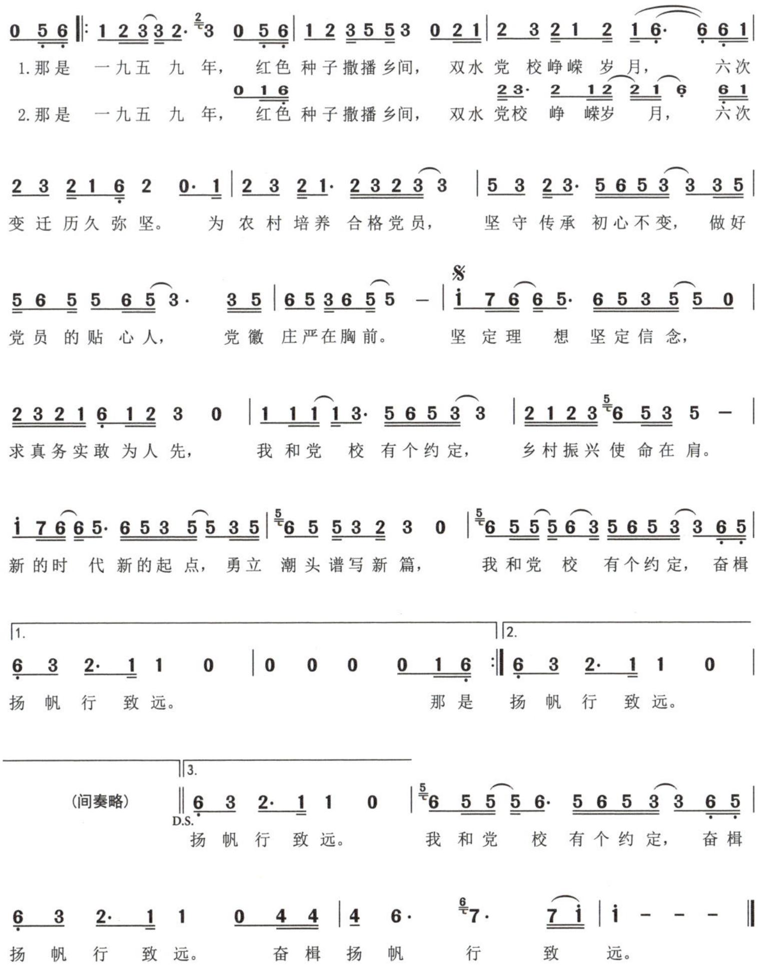

1.那是 一九五 九 年，红色 种子撒播乡间，双水党 校峥嵘 岁月，六次

2.那是 一九五 九 年，红色 种子撒播乡间，双水 党校 峥 嵘岁 月，六次

变迁历久弥坚。为农村培养 合格党员，坚守传承 初心不变，做好

党员 的贴 心人，党徽 庄严在胸前。坚 定理 想 坚定信 念，

求真务实敢 为人 先，我 和党 校 有个约定，乡村振兴使 命在 肩。

新的时 代 新的起 点，勇立 潮头谱写新 篇，我和党 校 有个约定，奋楫

1\. 扬 帆 行 致 远。那是

2\. 扬 帆 行 致 远。

（间奏略）

D.S.

3\. 扬 帆 行 致 远。我 和党 校 有个约定，奋楫

扬 帆 行 致 远。奋 楫 扬 帆 行 致 远。

后　记

此时此刻，脑海里就像放电影一样，回忆着这些年来与双水党校一起走过的一幕幕。

党的十九大提出新时代党的建设总要求，强调“增强党员教育管理针对性和有效性”，并要着力解决一些基层党组织弱化、虚化、边缘化问题。广东省委树立大抓基层的鲜明导向，于 2017 年底着手研究制订基层党建三年行动计划。我当时在江门市委组织部从事基层党建工作，深刻感受到，党中央的重大部署和省委行动计划，号准了抓基层党建工作的脉搏。比如，就如何加强农村（社区）党员教育，有同志提出，以往江门乡镇都办有党校，对入党积极分子、新党员进行培训，但进入 21 世纪以来，乡镇党校普遍名存实亡甚至销声匿迹，面向乡镇和农村（社区）的党员教育管理工作力量被削弱了，阵地流失，大多数农村党员长时间没有接受过比较系统的党的理论知识和党性教育，这也是部分基层党组织出现弱化、虚化、淡化、边缘化的重要原因之一。那时，因为我刚到市一级组织部门工作不久，对全市情况掌握得还不够全面，但知道我市新会区双水党校一直坚持办学，并且还有一幢独立的教学楼，就向省里的同志做了初步介绍，说我们可以好好总结一下双水党校的经验做法，并先行先试推广至全市。一则，双水能做到，其他镇街也理应能做得到；二则，江门镇级党校有一定基础，20 世纪

90 年代还多次得到省有关部门的肯定。这一工作设想得到了充分认可。不过，有点惭愧的是，那时候我还没到过双水党校实地调研，只是听农村组织科和新会的同事介绍的。

有了这个开端，我开始了与双水党校结缘相伴而行。2018 年开春，我第一次来到双水党校。教学楼高五层，外观庄严典雅，一问才知道当年是请了华南理工大学建筑系的专家来设计的。走到里面一看，有点破落了，明显看得出只有二楼教室还在用，桌椅也都比较破旧，三楼杂七杂八地摆放着一些破旧的“碌架床”，据介绍，这里曾用作学员宿舍，近年来交通条件改善后，就没有党员留宿了。但我们十分惊喜地看到，一批黑白斑驳的老照片、几本尘封发黄的笔记本、锈迹斑斑的旧牌匾，甚至在角落里还零散地堆放着几个簸箕、竹箩、竹筛等广东农村里常见的传统农具，双水党校厚重的历史感一下子就真实地展现在我们眼前。粗略翻了一下，老照片基本都是黑白的，个别还发霉了，大多拍摄于 20 世纪 70 年代末 80 年代初；旧牌匾是铁皮做的，听说是将军山大圣庙办学时的校牌，老党校人觉得很有纪念价值，就一路跟随着党校校址的搬迁。看到这些堪称文物的老物件，我深深地被双水党校近 60 年来的坚守与传承、一代又一代党校人在平凡工作中所体现的不平凡的精神感动了！

由于这是全市唯一还在坚持办学的镇街党校，我与新会区、双水镇的同志商定，5 月份召开江门市镇街党校工作推进会，深入总结推广双水党校办学经验。新会区、双水镇的同志们备受鼓舞，短短一个多月就把校史展览室、阅览室、教室进行了修葺、布展，还别出心裁在三楼布置了初心大讲堂、使命研习社，装修成复古怀旧的风格，像时光穿越，还原了七八十年代的党校课室和研讨室，强烈的年代感、浓厚的党味给人以深深的震撼。双水党校一个月的变化真令人刮目相看。那段时间，双水党校真正经历了“一月一小变、三月一中变、半年一大变”的嬗变。

在全市镇街党校工作推进会上，双水党校收获好评如潮。但他们并未满足，因为 59 年的历史沉淀太厚重了，他们开始联系历任教员、公社（区公所）

的老干部和曾经接受双水党校培训的老党员，挖掘整理历史资料，并到处收集有关双水党校的旧物。仅用了 3 个月的时间，就进一步完善了校史展览，更新了设施设备，拍摄了宣传片，短时间内办学条件大为改善，双水党校艰苦创业、勇于开拓的精神再一次得到充分挖掘和大力弘扬。

看到办学条件大为改善，我觉得这么好的阵地，如果只承担全镇党员干部的轮训、入党积极分子的培训那就太可惜了，应当也可以在加强农村党员教育培训上有更大的担当作为。2018 年 10 月，江门市农村党员教育培训基地在双水党校挂牌，这是迈出的第一步。此外，我每次到双水党校时，都会看到两幢酒店公寓式的建筑隔水相邻，便深入了解，居然是一个楼盘配建的综合商业体。我大胆地提出一个设想，可否把酒店公寓转化为双水党校之配套项目，把对外培训承担起来。运用社会力量做实党建工作的设想，马上得到了新会区、双水镇以及酒店方的热烈响应。仅仅半年时间，到 2019 年年中，双水党校江林公寓便投入使用，这是迈出的第二步。此后，前来学习培训的学员纷纷称赞双水党校的住宿环境好、伙食好，当然，培训质量也高。

这期间，经常陪同领导、同行及新闻媒体朋友到双水党校参观、调研、采访，我们多次被问及一个问题：作为一间乡镇党校，双水党校为何能够坚持办学 60 年不间断？这也正是本书所要回答的问题。

我是这样思考和回答的：那么多年来，双水党校立足于乡镇，无论条件多么艰苦、社会环境怎样变化，党校把党员教育好了，党的执政根基扎实了，党的事业就顺利兴旺。基层党务工作者特别是党校历任教员的想法很单纯，不为名不为利，坚持为当地培养合格党员，使党的路线方针政策更好地在农村贯彻执行，夯实党的执政根基，沉淀了双水党校厚重的历史传承。他们的执着和成效也感动了一届又一届的镇领导和广大共产党员，使一度差点停摆的党校一次次渡过难关。我认为，双水党校就是坚持了“为农村培养合格党员”的初心，所以才有了 60 多年的坚守。2023 年 3 月，习近平总书记出席中央党校建校 90 周年庆祝大会暨 2023 年春季学期开学典礼时发表重要讲话，强调“为党育才、为党献策”是党校始终不变的初心。这让我更加豁然开朗，“为农村培养合格党员”就是“为党育才、为党献策”在双水党校的具体体现、鲜活实践。

总有一些年份会被历史铭记。2019 年，也是双水党校捷报频传、从胜利走向胜利的一年。3 月，双水党校迎来建校 60 周年，我们举行了隆重的纪念活动，重温“党校初心”再出发；4 月，时任中组部党员教育中心主任李博在省委组织部领导的陪同下莅临双水党校实地考察，给予高度评价；5 月，我市在全省基层党建“三年行动计划”推进会上做加强党员教育管理的经验介绍，双水党校为全省基层党建提供江门方案；6 月 11 日，《人民日报》党建版头条刊登了记者贺林平采写的深度报道《一所乡镇党校的六十年坚守》，双水党校“火出圈”迅速走向全国；10 月，双水党校被确定为“江门市农村党员教育培训基地”；11 月，双水党校承办了全省镇街党校管理人员培训班（第四期），来自广东省珠海、中山及粤西片区的 470 多位学员参加培训，创下单个参训人数最多的班次纪录；12 月，新华社记者詹奕嘉采写的《普通党员进党校》刊登在《瞭望》杂志上，把双水党校作为典型给予了重点推介；同月，以双水党校为主要内容的《创新培训体系 扛起责任担当》获“广东省基层党建最佳创新案例奖”……

此后，双水党校发展大事要事不断。如，2020 年 5 月，承办了省直中直驻村第一书记培训班；2021 年 7 月，江门市农村党建学院依托双水党校成立，举办“新时代党员教育方法载体上的守正创新”专题研讨会，全国党刊红色教育基地挂牌，与延安梁家河干部培训学院结为共建单位；在建党 100 周年重大历史节点上，双水党校党支部被评为“广东省先进基层党组织”；2022 年 6 月，新会区委审议通过双水党校新综合大楼建设方案；2022 年 8 月，中央党校研究室一级巡视员李清泉莅临考察；2022 年 10 月，《学习时报》刊登了双水党校办学治校的经验材料；2022 年 12 月，共产党员网刊登双水党校党员教育典型案例；2023 年 4 月，中组部党员教育中心副主任徐文秀一行专程到双水党校调研，认为双水党校 60 余年初心不改，坚持办学，“很有典型意义”，要求各级加大宣传力度，把双水党校的好经验、好做法更好地宣传出去。

因为双水党校具有立足乡镇的独特性，自然得到了各主流媒体的关注。在众多媒体当中，广东省委党刊《南方》杂志独具慧眼。2018 年 5—6 月间，付强、陈健鹏两位记者就以其专业敏感性，察觉到这所党校的新闻价值。7 月，杂志刊登了《独立办学 59 年：双水镇委党校的光荣与使命》。这是省级党报党刊第一篇关于双水党校的深度报道。文章发表后，双水党校迅速引起各界关注、初露峥嵘。连续数年，《南方》杂志持续对双水党校新发展、新面貌进行跟进报道，形成了双水党校发展的“编年体新闻报道”。《乡村干部报》以近整版的篇幅，刊登了《这所基层党校，被誉为广东“镇街党校一面旗帜”》一文，其标题之醒目令人过目不忘。截至目前，市级以上主流媒体共刊发双水党校的报道 280 多篇，其中，不少文章被人民网、新华网、共产党员网、学习强国等新媒体平台转载，以“双水党校”为关键词，百度找到相关结果达 74 万条。2019 年，双水党校还成为由江门市委网信办、江门市网络文化协会评选的江门市十大“网红打卡地”，小红书、抖音上也频频见到网友拍摄的双水党校小视频。

2023 年 6 月，习近平总书记对党的建设和组织工作作出重要指示。他指出，全面建设社会主义现代化国家，全面推进中华民族伟大复兴，关键在党，关键在人。把广大农村（社区）党员教育管理好了，每一名党员就是一面旗帜，每个党支部就是一座堡垒，党的执政根基扎实了，党的事业就顺利兴旺。眼下的双水镇，经济发展迅猛，是江门市首个工业产值超 100 亿元和公共财政预算收入超 2 亿元的“双超”镇，是全国综合实力千强镇；社会和谐稳定，老百姓安居乐业，近年来荣获“广东省乡村治理示范镇”“江门市基层党建示范镇”等称号。这背后，双水党校默默付出，功不可没。因为，双水党校姓党，60 余年来一直坚守着“为农村培养合格党员”的初心，流淌着红色的源泉，播撒着信仰的种子，矗立着精神的丰碑，铭记着光荣，承载着梦想，孕育着希望！

同心而共济，始终如一。双水党校能够在新时代焕发出党性教育的光彩，离不开各界的大力支持！

事非经过不知难，成如容易却艰辛。首先感谢的是双水党校历任教员，没有你们一直以来的坚守，就没有双水党校的今天；你们的回忆，使我们现在及今后讲好双水党校的故事更加丰满。

其次，感谢广东省委组织部、省委党校的领导以及江门市委领导给予的厚爱、鼓励和资源支持。先后两任的江门市委常委、组织部长、党校校长张元醒、凌传茂同志，亲自谋划、高位推动。时任新会区委常委、组织部长、党校校长宋岩，区委组织部副部长黄惠红，双水镇委两任书记、党校校长刘国培、吴志斌以及具体负责党校工作的梁志成、崔泽南、林仕强等同志，以及现任新会区委常委、组织部长、党校校长郑立森，双水镇委书记、党校校长曾庆华，还有陈德斌、薛颖洁、谭祖耀等，他们持续激发双水党校焕发新活力，务实、高效、敬业！肖咏延、刘子奕、冯永源、王江涛、李健明、黄展明、林绮雯、杨德均、廖定国、郭欢、张雷、林楷贤、廖显辉、李红卫、谢颖文、黄锦超、陈卫娴等，还有许多同志无法一一列举，也为推动双水党校发展做出了积极贡献。

最后，感谢本书撰写团队以及人民日报出版社编辑的辛勤劳动。本书第一部分“双水党校办学治校的历史经验和启示”是江门市党建研究会2022年度重点调研课题，由笔者及张克兵、黎禹君、张雷同志组成课题组撰写，在《学习时报》发表时有删节；第二部分“我和双水党校的故事”，约请了双水党校历任教员、学员以及关注、帮助双水党校发展的各界人士，把经历的故事、亲身的感受付诸文字；第三部分“媒体关注”，收录近年来各大媒体对双水党校的报道，为尊重历史，本书收录时保留原貌；第四部分“镇街党校‘十问’”，以双水党校作为典型案例回答了对办好镇街党校有指导意义的问题，分别由江门市委党校林楷贤、颜舟、谢颖文、邬斌、梁程虎和新会区委党校的李红卫撰写，由笔者进行修订并负责全书的统稿。该课题还得到了2023年度江门市社会科学规划课题立项。大家都精益求精，倾注了大量心血。

系统梳理和总结双水党校的办学历史和办学经验，能够为基层党校建设提供有益借鉴，对于推动新时代基层党校事业实现高质量发展、做好新时代党员教育管理工作具有重要意义，希望本书对从事相关工作的读者有所帮助和启发。由于水平有限，难免存在疏漏，敬请读者见谅，不吝赐教！

中共广东省江门市委党校　张学东

2023 年 9 月 10 日于学苑楼